Elisabeth Lukas

# Spirituelle Psychologie

Quellen sinnvollen Lebens

Kösel

ISBN 3-466-36491-4
© 1998 by Kösel-Verlag GmbH & Co., München
Printed in Germany. Alle Rechte vorbehalten
Druck und Bindung: Kösel, Kempten
Umschlag: Kaselow Design, München
Umschlagmotiv: © Japack/Bavaria, Gauting

1 2 3 4 5 · 02 01 00 99 98

Gedruckt auf umweltfreundlich hergestelltem Werkdruckpapier
(säurefrei und chlorfrei gebleicht)

# TE DEUM

# Inhalt

Viktor E. Frankls Logotherapie . . . . . . . . . . . . . . 9
*Inbegriff einer spirituellen Psychologie*

Das Wertvolle und seine Abweichung . . . . . . . . . . 23
*Eine kritische Anfrage an die Polaritätsphilosophie*

Die Liebe aber ist die größte . . . . . . . . . . . . . . . 28
*Eine kritische Anfrage an die Neurosenlehre*

Auf dass es dir wohl ergehe auf Erden . . . . . . . . . . 42
*Der Dekalog in logotherapeutischer Übersetzung*

Aus dem Paradies vertrieben . . . . . . . . . . . . . . . 59
*Betrachtungen zur Ur-Geschichte*

Geschichten, die heilen können . . . . . . . . . . . . . 74
*Das verborgene Versprechen*

Wege aus der Angst . . . . . . . . . . . . . . . . . . . . 105
*Nicht warum, sondern worum wir uns Sorgen machen, entscheidet*

Wege aus der Sucht . . . . . . . . . . . . . . . . . . . . 123
*Verzicht und Vertrauen als Tore zur Freiheit*

Hilf, Herr meines Lebens . . . . . . . . . . . . . . . . . 134
*Eine logotherapeutische Liedinterpretation*

Ein Grund zu leben? . . . . . . . . . . . . . . . . . . . 151
*Sinnfrage-Aufbruchszeiten und suizidales Handeln*

»Blick zurück im Zorn«? . . . . . . . . . . . . . . . . . 159
*Der Rückschaufehler und seine Bedeutung für die Psychotherapie*

Emotionale Anspannung als Supertest . . . . . . . . . . . 170
*Oder: Die Macht des Gebets*

Anmerkungen . . . . . . . . . . . . . . . . . . . . . . . 178

Weitere Bücher von Elisabeth Lukas . . . . . . . . . . . 181

# Viktor E. Frankls Logotherapie

## Inbegriff einer spirituellen Psychologie

Laut Weltgesundheitsorganisation ist der im 20. Jahrhundert beobachtete Anstieg seelischer Verstimmungen, der stärker war als die rasante Zunahme der Weltbevölkerung und folglich die Proportion zwischen seelisch stabilen und seelisch labilen Menschen zu Gunsten der labilen verschoben hat, im Wesentlichen auf drei Faktoren zurückzuführen: auf den Zerfall der Familien, auf den Bruch mit den Traditionen, und auf die Vereinsamung in der Masse. Ähnliche Gedanken hat der Wiener Psychiater und Neurologe Viktor E. Frankl bereits Ende der 50er Jahren geäußert, als er von einem kritischen Instinkt- und Traditionsverlust des Menschen sprach; wobei Ersterer den Menschen seines inneren Gespürs dafür beraube, was es im Interesse seiner natürlichen Daseinsweise zu tun gelte, und Letzterer ihn jenes äußeren Haltes beraube, der ihm über die Vermittlung jahrtausendealter Spielregeln darlegt, wie Leben geht.

Nun wächst nach Friedrich Hölderlin dort, wo die Gefahr droht, das Rettende auch. Und tatsächlich schoss ein Wissenschaftszweig in diesem »Jahrhundert zunehmend angeschlagener Seelen« wie Unkraut aus dem Boden: die Psychologie und mit ihr die Psychotherapie. Ob das Geschwisterpaar allerdings die ersehnte Rettung bewirken kann, bleibt fraglich. So vielfältige Rezepte es für Lebenskrisen parat hält, so wenig hat es bisher das Auftreten von Lebenskrisen in der Bevölkerung verhindern können, nicht einmal bei engmaschigem Psycho-Versorgungsnetz wie etwa in Nordamerika oder in Mitteleuropa.

Die Frankl'sche Schule namens »Logotherapie« ist, oberflächlich betrachtet, nur eine Variante des genannten Geschwisterpaares. Bei näherer Betrachtung jedoch eine mit besonderer »Rettungschance«. Denn sie ist »familienfreundlich«, nämlich auf zwischenmenschliche Versöhnung und ehelichen Zusammenhalt angelegt, »traditionsfreundlich« in dem Sinne, dass sie geradezu eine Kollektion von Menschheitsweisheiten darstellt, und »beziehungsfreundlich«, indem sie ganz allgemein das liebende Miteinander und Füreinander fördert. Dadurch bildet sie eine nicht zu unterschätzende Kontraposition zu jenen von der Weltgesundheitsorganisation aufgezählten defizitären Zuständen, die hauptgewichtig zu seelischen Verstimmungen führen.

Worum handelt es sich bei der Logotherapie? In Kürze ist es einfacher zu sagen, worum es sich bei ihr *nicht* handelt. Sie ist kein psychoanalytisches Verfahren und keine psychotechnische Methodik. Sie ist keine Selbsterlösungsideologie und kein esoterischer Kult. Ihr Angebot ist umfassend, denn es wendet sich an gesunde wie kranke, junge wie alte Menschen, an Menschen in den verschiedensten Lebenslagen. Ihr Anspruch ist schlicht: Sie will Wegbereiter zu einem sinnvollen Leben sein. Es finden sich in ihr philosophische, medizinische, pädagogische, psychotherapeutische, psychiatrische, seelsorgerliche und andere Aspekte, aber sie selbst ist wohl am besten zu charakterisieren als »missing link« zwischen all diesen Puzzleteilen der Humanwissenschaften, als eine wahrhaft ganzheitliche Synopsis vom Menschen und seinem »Auftrag« in dieser Welt.

Zur Jahrtausendwende weisen die Zeitbarometer auf Sturm, Regen und Schauer. Es wird sozusagen kälter rings um uns, auch in den einst wohlstandsverwöhnten, privilegierten Ländern. Die Computer gewinnen an Tüchtigkeit und ersetzen immer mehr Arbeitsplätze. Die Moral beugt sich dem gigantisch Verlockenden und Machbaren. Aldous Huxleys »Schöne neue Welt« hat längst begonnen. Als Reaktion darauf sind zahlreiche Menschen auf der

Suche nach noch verbliebenen oder neu auszulotenden Nischen der Geborgenheit, nach Orientierung und spirituellem Trost. Allein, die alten Ritual- und Symbolsprachen sind ihnen fremd geworden wie vergessene Codes. Sie öffnen die Türschlösser nicht mehr zu einer vertrauensvollen Grundstimmung, die über die vorzufindende Realität hinaus hofft. Die Suchenden bleiben auf ihren Lasten sitzen.

Die Logotherapie von Viktor E. Frankl ist eine Einladung an sie, sich in ihrer Suche weiterzubewegen, vergessene Codes in modernen Bildern zu erinnern, und Sinnmöglichkeiten im konkreten Alltag zu entdecken. Mehr noch, sie ist ein starker Impuls, solche Sinnmöglichkeiten aufzugreifen und umzusetzen, damit die Hoffnung wieder belebt werden kann. Dass sich beim Aufgreifen und Umsetzen entdeckter Sinnmöglichkeiten die eigene seelische Stabilität regeneriert, ist fast ein Nebeneffekt – aber welch einer!

Insbesondere Personen, die ein schweres Kreuz zu tragen haben, bedürfen der Be-sinnung und Wiedereinwurzelung in den über das rein Physische hinausgehenden Seinsgrund. Sie müssen deswegen nicht seelisch krank sein in dem Maße, dass eine medizinische Indikation zur psychotherapeutischen Behandlung vorliegt. Oft besteht das zu tragende Kreuz in einem Angehörigen, der chronisch krank ist oder ihnen sonst das Leben schwer macht, also in Elternsorgen, Partnerzerwürfnissen und zwischenmenschlichen Konflikten in der Verwandtschaft. Hier geht es um den richtigen Umgangston, um Verständnis, Toleranz und Akzeptanz. Das ist nicht leicht, weil die Fronten meist in jahrelanger Verbitterung verhärtet sind. Viel Aufklärungs- und Überzeugungsarbeit tut not. Doch hat die Logotherapie in ihrer »Sinnzentrierten Familientherapie« ein hervorragendes Konzept zur Befriedung alter Familienfehden, vorausgesetzt, dass noch ein wenig guter Wille bei den Beteiligten vorhanden ist.

Von andersartiger Beschaffenheit ist das zu tragende Kreuz, wenn eigene irrationale (= der Situation unangemessene) Gefühle das Lebensschiff steuern dürfen, weil sich ein Mensch an sie ausliefert. Dann dominieren überflüssige Ängste, negativ gefärbte Stimmungen, Minderwertigkeitskomplexe oder emotionale Abhängigkeiten. Nichts wird mehr um einer Sache, eines Wertes willen getan, weil es für gut, richtig und sinnvoll erachtet wird. Nein, es wird getan bzw. vermieden, weil man auf der Jagd nach Lust (Erfolg, Anerkennung, Zuwendung ...) oder auf der Flucht vor Unlust (Versagen, Beschämung, Liebesentzug ...) ist. Der Mensch versklavt sich selbst und stöhnt im Gefängnis seiner eigenständig produzierten Unfreiheit. Hierzu kennt die Logotherapie verblüffende Wege und Auswege wie z.B. die Methode der »Paradoxen Intention«.

Probleme obiger Kategorie verschärfen sich noch um ein Vielfaches, wenn der in der Fachwelt wohl bekannte vordergründige Krankheitsgewinn dazutritt. Denn auch »Gefängnisse« haben ihre Vorteile: Man muss sich um nichts kümmern, man ist für nichts verantwortlich, und was man zur bescheidenen Existenz braucht, wird von außen zugeliefert. Würde das »Gefängnis« plötzlich geöffnet, müsste man überlegen und entscheiden, was man unternimmt, wohin man sich bewegt, vor allem aber müsste man seine Existenz selber sichern. Mancher Patient bleibt da lieber in seinem seelischen Gefängnis sitzen, es sei denn, es gelingt eine »Existentielle Umstellung« (Frankl) seiner selbst mittels logotherapeutischer Argumentation.

Noch schwerer wiegt das auferlegte Kreuz, wenn es mit kaum oder nicht mehr änderbaren Lebensumständen zu tun hat. Was in moderner Krankheitsklassifizierung unter »Anpassungsstörungen« rangiert, ist in Wirklichkeit nicht selten ein durchaus begreifliches Ringen um die Bewältigung eines Leides, an das man sich nicht bloß anpassen kann. Man hat etwas sehr Trauriges erfahren, man muss Grenzen hinnehmen und Abschiede leisten. Das bedeutet einen langwierigen Prozess, bei dem es Labsal ist, einen feinfühligen Begleiter an seiner Seite zu haben. Analog stellen psychotische Schübe und endogen depressive Phasen, die über einen Menschen hereinbrechen, extreme seelische Behinderungen dar, die zusätzlich zur notwendigen medikamentösen Therapie durch stützende und aufbauende Gesprächen gelindert werden müssen. In der Logotherapie spricht man in solchen Fällen von »Ärztlicher Seelsorge«.

Es ist seltsam genug, dass positive, ja, ausgezeichnete Lebensumstände ebenfalls »Anpassungsstörungen« auslösen können, was Reinhard Tausch unter dem Stichwort: »Problem der erreichten Ziele« untersucht hat. Wer vieles besitzt (und nicht nur materiell), wer weitgehend erreicht hat, was er sich gewünscht und vorgenommen hat, ist mit Blick auf das von Viktor E. Frankl beschriebene existentielle Vakuum »vakuumgefährdet«. Das heißt, er ist von einer Sinnkrise bedroht. Das leichte Leben macht träge, ziellos, lieblos; narzisstische Tendenzen wuchern hinein und bremsen ein konstruktives Sich-Einbringen in diese Welt, sowie die Sensibilität für ihre Nöte. Die persönlichen Folgen sind katastrophal und erfordern aufrüttelnde Gegenkräfte, wie sie durch eine logotherapeutische Intervention initiiert werden können.

Schließlich sollen noch jene Personen erwähnt werden, die zwar nicht die Last eines Kreuzes auf ihren Schultern beklagen, aber Essentielles vermissen. Sie wollen ihre Persönlichkeit stärken, ihre Identität gründen, sie sehnen sich nach Maßstäben und Bezugspunkten. Im Prinzip sind sie Gott-Suchende. Sie fragen nach »den letzten Dingen«, nach »Glaubwürdigem«, an das sie zu glauben vermöchten. Manchmal werden ihre Fragen indirekt gestellt, und erst nach einer Weile enthüllt sich ihr verborgenes Anliegen. Die Logotherapie kann zwar keine theologischen Antworten geben, aber sie kann eine Brücke bilden zur Vernehmung jener Antworten, die aus der unbewussten Geistigkeit des tiefsten (oder höchsten) Seins der Fragenden selbst entstammen. Um eine solche Brückenfunktion zu erfüllen, hat sie »Werkzeuge« wie keine andere Psychotherapie.

Von diesen urmenschlichen Problemen und den logotherapeutischen Sicht- und Heilweisen wird im vorliegenden Buch die Rede sein. Wobei es nicht Ziel ist, eine Psychotherapieschule gegen andere Richtungen aufzuwiegen, sondern das Dilemma des »Rettung-bringen-wollenden Geschwisterpaares« Psychologie und Psychotherapie insgesamt offenzulegen und eine Alternative vorzustellen.

Erörtern wir zunächst das Dilemma. Es besteht in einer unauflösbaren Spannung zwischen dem Wissenschaftlichkeitsanspruch

»von oben«, seitens der Universitäten und Fachgremien, und dem Religionsersatzanspruch »von unten«, seitens vieler aus sämtlichen metaphysischen Banden herausgefallenen Menschen unserer Zeit. Genau dazwischen pendelt das Geschwisterpaar; aber »zwischen zwei Stühlen« sitzt es sich eben nicht gut. Einerseits liebäugelt es seit Sigmund Freuds Tagen mit der Naturwissenschaft und hat sich in der experimentellen Psychologie und Verhaltenstherapie eine seriöse Basis geschaffen, auf der es, von strikter Empirie geschützt, den lästigen Geruch der Scharlatanerie endlich abstreifen konnte. Andererseits blieb unter dem vergötzten Kriterium statistischer Überprüfbarkeit der Forschungsgegenstand mehr oder weniger auf der Strecke. Das Schlagwort von der »seelen-losen Psychologie« machte die Runde und wurde von Viktor E. Frankl zu Recht noch um die Kritik an einer »geist-losen Psychologie« erweitert. In diese Kerbe schlugen wiederum »Geist- und Geisteranbieter« aller Art und vermarkteten unter dem Psychomäntelchen, was es nur an der weltanschaulichen Ideenbörse gibt: Sektentum, Aberglauben, Luftschlösser, Traumwelten. Das Geschäft mit Kummer und Dummheit hat immer schon floriert.

In diesen merkwürdigen Zwischenräumen zwischen Wissenschaft und Religion, und innerhalb der Wissenschaft zwischen Natur- und Geisteswissenschaft, zwischen Empirie und Phänomenologie, zwischen Nachweis und Evidenz, und parallel dazu auf der kommerziellen Ebene leider auch zwischen Hilfe und Betrug, mitten darin sitzt also das Geschwisterpaar Psychologie und Psychotherapie und kämpft um ein positives Image. Wen wundert es, dass sich der Erfolg nur zögernd einstellt? Die uneindeutige Zugehörigkeit beider Disziplinen ist ihr Handikap, und selbst gesetzliche Regelungen vermögen die beiden nicht einfach aus dem Niemandsland bzw. Jedermannsland herauszuhieven.

Angesichts des beschriebenen Dilemmas ist der von Viktor E. Frankl entwickelte Gedankengang genial, denn er verwandelt just das Handikap in eine Meisterleistung. Frankl hat seine Logotherapie klar und deutlich »beim Menschen« lokalisiert. Dort gehört sie hin, dort hat sie ihren profunden, unumstrittenen Platz. Da aber der Mensch – nicht unbedingt ein Zwischenwesen, jedoch – ein mehrdimensionales Wesen ist, muss auch eine ganzheitliche »Lehre vom Menschen« wie die Logotherapie von mehrdimensionaler Struktur sein. Sie muss Körperliches, Seelisches, Soziales und Geistiges austariert im Blick haben, muss das animalische Erbe des Menschen gleichermaßen ernst nehmen wie sein religiöses Bedürfnis, und darf die verschiedenen Dimensionen nicht unzulässig miteinander vermischen. Die ontologische Präzision der Logotherapie in Diagnostik und Therapie ist ihr Markenzeichen; ihre Fähigkeit, Natur- und Geisteswissenschaften miteinander zu verknüpfen, ja, in der Verknüpfung zu transzendieren, ist ihr Gütesiegel. Viktor E. Frankl erläuterte dies 1965 anlässlich der 600-Jahrfeier der Wiener Universität folgendermaßen:[1]

*Bekanntlich wurde die Kunst definiert als Einheit in der Mannigfaltigkeit. Nun, ich möchte den Menschen definieren als Einheit trotz der Mannigfaltigkeit. Denn es gibt eine anthropologische Einheit trotz der ontologischen Differenzen, trotz der Differenzen zwischen den unterschiedlichen Seinsarten. Die Signatur der menschlichen Existenz ist die Koexistenz zwischen der anthropologischen Einheit und den ontologischen Differenzen, zwischen der einheitlichen menschlichen Seinsweise und den unterschiedlichen Seinsarten, an denen sie teilhat ... Der Wissenschaftler freilich muss die Fiktion aufrechterhalten, als ob er es mit einer eindimensionalen Realität zu tun hätte. Aber er muss auch wissen, was er tut, und das heißt, er muss um die Fehlerquellen wissen, an denen vorbei er die Forschung zu steuern hat ...*

*Projiziere ich z.B. Gestalten wie Fedor Dostojewski oder Bernadette Soubirous in die psychiatrische Ebene, dann ist für mich als Psychiater Dostojewski nichts als ein Epileptiker wie jeder andere Epileptiker, und Bernadette nichts als eine Hysterikerin mit visionären Halluzinationen. Was sie darüber hinaus sind, bildet sich in der psychiatrischen Ebene nicht ab. Denn sowohl die künstlerische Leistung des einen als auch die religiöse Begegnung der anderen liegt außerhalb der psychiatrischen Ebene. Innerhalb der psychiatrischen Ebene bleibt alles so lange mehrdeutig, bis es transparent wird auf etwas anderes hin, das dahinter stehen mag, das darüber stehen mag* ... Alle Pathologie bedarf erst noch der Diagnose, einer Diagnosis, eines Durchblicks, des Hinblicks auf den Logos, der hinter dem Pathos steht, auf den Sinn, den das Leiden hat.

Die Logotherapie sitzt demnach, gleichnishaft gesprochen, nicht »zwischen« beiden Stühlen, sondern »auf« beiden Stühlen, die sie zu einer ganzheitlichen Sitzfläche zusammengeschoben hat, und das ist ihr großes Verdienst. Sie ignoriert keineswegs den psychophysischen, störungsanfälligen Unterbau menschlicher Existenz und hat ein entsprechendes medizinisch-therapeutisches Empfehlungsinventar ausgearbeitet. Genauso wenig jedoch ignoriert sie die geistige Personalität des Menschen, den göttlichen Funken im »Lehmbrocken«, der von unbändiger Schöpfungskraft zeugt. Sie ist eine Seelsorge, aber eine *Ärztliche* Seelsorge, sie ist eine Psychologie, aber eine *Spirituelle* Psychologie – beide Stühle sind zu einer tragfähigen Einheit verschmolzen. Aus dem Grenz- und Niemandsland zwischen zwei Reichen wurde ein »Land der Verheißung«[2] ...

Lassen wir, bevor wir dieses Land geistig durchwandern, einige kompetente Fachleute zu Wort kommen:

## ZITAT I (Hans Urs von Balthasar) [3]

*Wie ist der Mensch gebaut? Decartes' Schema des Menschen: ein rein als Maschine funktionierender Körper, der sich punkthaft mit einer reingeistigen Seele berührt, ist sicher falsch. Das Lebensprinzip des Menschen, das sich in seinen höchsten Akten – im Selbstbewusstsein, in der Welterkenntnis, im Gewissen und in der freien Entscheidung – über die materiellen Determinationen erhebt, senkt sich stufenweise in den lebenden Körper ein, in jener unlöslichen Interdependenz, von der die psychosomatische Medizin insbesondere weiß und von der sie ausgeht. Der Mensch ist so (wie schon die Alten sahen) eine Art Kompendium der kosmischen Stufen: materielles Sein, pflanzliches, tierisches Leben, um aber darüber ins Selbstbewusstsein und in eine gewisse Freiheit aufzutauchen, was ihm als einzigem Wesen in der Welt erlaubt, die Frage nach dem Sinn des eigenen und allen Daseins zu stellen und seinen ganzen stofflichen und organischen Unterbau in den Dienst des von ihm eingesehenen oder entworfenen Sinnes zu nehmen ... Psychotherapie muss darauf abzielen, dem Menschen zu einem ihn erfüllenden Sinnentwurf seines Daseins zu verhelfen und zum Mut, diesen Entwurf nachzuleben. Keineswegs genügt eine nach rückwärts gewendete Analyse seiner Vergangenheit bis ins Kindheits- und Säuglingsalter, keineswegs die bloße Lösung von Verknotungen und Komplexen, da ja solche Lösung nur erfolgen kann, wenn dem Menschen eine neue Zukunft, ein sinnvoller Einsatz innerhalb einer im Ganzen als sinnvoll erachteten Welt und Umwelt eröffnet wird. In dieser Hinsicht scheint mir das Wort »Logotherapie« (logos = Sinn), mit dem Viktor E. Frankl seine Methode bezeichnet, ein glückliches, im Grunde für jede Therapie, die wirklich Erfolg haben will, unentbehrliches zu sein, wie immer die einzelnen Heilmethoden voneinander abweichen mögen.*

*Da es einen Lebenssinn ohne die menschliche Freiheit nicht gibt, muss die Therapie nicht nur mit dieser rechnen, sondern sie im Patienten zu sich selbst befreien, so dass sie zur Wahl ihrer höchsten Möglichkeiten ertüchtigt wird. Das heißt, dass der Therapeut die Dimensionen der Weisheit kennen und eröffnen und dass der Patient wenigstens einigermaßen darauf ansprechbar sein muss. Diese Weisheit wird eine personale, im zwischenmenschlichen Dialog sich ereignende sein müssen; keinesfalls genügt es, den Patienten mit irgendwelchen schematischen, abstrakten Allgemeinwahrheiten über die Notwendigkeit sozialer Einstellung u. dgl. abzuspeisen (Alfred Adler hat hier wohl gewisse Grenzen). Die soziale Dimension, eine für verklemmte Neurotiker entscheidend wichtige, ist doch nicht die einzige: Man wird auch die Dimension der Beziehung zu Gott, zum Ewigen und Absoluten mit ins Spiel bringen müssen, in der allein alles Mitmenschliche letztlich sinnvoll wird.*

Psychotherapie muss darauf abzielen, dem Menschen zu einem ihn erfüllenden Sinnentwurf seines Daseins zu verhelfen und zum Mut, diesen Entwurf nachzuleben ... genau darauf und auf nichts anderes zielen sämtliche Vorgehensweisen der Logotherapie ab.

## ZITAT II *(Horst Schleifer)* [4]

*Freud »musste« als Naturwissenschaftler und Empiriker einen triebbestimmten Menschen aus seinem Woher erklären, während Frankl mit seinem Postulat menschlicher Wertorientiertheit, mit der Frage nach dem Wohin, auch als Psychologe und Psychotherapeut das Tor zur Sinnfrage aufstoßen konnte ...*

*Was den Forschungsgegenstand »Mensch« anbelangt, so zeigt die Durchsicht einschlägiger psychologischer Literatur, dass sich die Psychologie von Anfang an um das Geistige im Menschen herumgewunden hat. Als sie sich von der Philosophie abnabelte, wollte sie empirisch rein vorgehen, was zugleich bedeutete, dass sie Metaphysisches, wie Geist und Seele, ausblenden musste. Denn mit einer Definition der Psychologie als Wissenschaft von der Seele bzw. vom Geistigen wäre das Sein von Seele bzw. Geist bereits vorausgesetzt – etwas Metaphysisches. So flüchtete sie sich in die Definition einer »Wissenschaft vom Verhalten und Erleben«, die zwar sehr umfassend, aber eben auch sehr unverbindlich ist. Es kann davon ausgegangen werden, dass weder eine Reduktion alles Psychischen auf Physisches, ein Versuch, der die orthodoxe Psychoanalyse Freuds charakterisieren könnte, noch die Ausblendung metaphysischer Sachverhalte, wie sie durch die akademische Psychologie praktiziert wird, eine angemessene Charakterisierung des Forschungsgegenstandes ermöglichen ...*

*Die geringe Alltagsrelevanz akademisch-psychologischer Forschungsergebnisse resultiert aus der Anwendung inadäquater Methoden, wobei sich hier die Übernahme der naturwissenschaftlichen Methodologie, insbesondere aus der Physik, geradezu fatal auswirkte. Denn bezogen auf den unter Erziehungseinwirkung stehenden und sich entwickelnden Menschen, der nur in seiner Totalität und Wandelbarkeit angemessen begriffen werden kann, war diese Methodenübernahme verknüpft mit einer zentralen anthropologischen Entscheidung: Veränderungen des menschlichen Verhaltens waren nunmehr nur noch als Wirkung einer Ursache zu fassen. Gegen die These von der inneren Freiheit des Menschen wurde die von seiner Determiniertheit gesetzt. Damit waren nicht nur Fragen der Verantwortlichkeit und Freiheit suspendiert, für das Unbewusste blieb kein Raum mehr, und auch nicht für das*

*Geistige im Psychischen. Der methodisch bedingte Zwang zur Quantifizierung und Messung des Psychischen führte die Psychologie dabei nicht nur dazu, sich als Wissenschaft vom Verhalten und Erleben zu definieren, sondern auch dazu, eine Reihe von für das Verständnis menschlichen Erlebens und Verhaltens unverzichtbaren, ja, brisanten Themen wie Liebe, Glaube, Vertrauen, Wille, Geist, Freiheit, Verantwortlichkeit, Sinn u.a. aus ihrem Gegenstandskatalog herauszunehmen. Dass damit ein Mensch auf den psychologischen Prüfstand gelangte, der so nicht existiert, wird bis in die Gegenwart hinein übersehen ...*

Die Ausblendung metaphysischer Sachverhalte, wie sie durch die akademische Psychologie praktiziert wird, ermöglicht keine angemessene Charakterisierung des Forschungsgegenstandes Mensch ... Genau deswegen blendet die Logotherapie metaphysische Sachverhalte in ihre Anthropologie mit ein.

## ZITAT III (Vaclav Havel)[5]

*Während das »Sein« – als absoluter Horizont unseres Beziehens – für uns – als »Stimme« und »Rufen« – mit der Sittenordnung identisch ist, ist die Welt bzw. das Dasein in ihr für uns im Gegenteil die Versuchung zum bequemeren Haftenbleiben an den Zwecken. Im Hintergrund dieses Verständnisses ist das Gefühl der Zweideutigkeit, Gebrochenheit und des Paradoxen der Stellung des Menschen. Unsere ontologische »Andersheit« drückt vor allem dies aus: Der Mensch stellt sich – als der Einzige – die Frage nach dem Sinn, zugleich jedoch kann er niemals eine erschöpfende Antwort auf sie erlangen. Er als Einziger erfährt die Welt als das, in das er geworfen ist; als Einziger aber weiß er zugleich von sich, dass er in dem Verfallen an dieses Dasein unwiederbringlich sich selbst verliert ...*

*Ich glaube, dass die archetypischen religiösen Vorstellungen treffend die Dimensionen dieses zweideutigen Wesens des Menschseins spiegeln – von der Idee des Paradieses, dieser »Erinnerung« an die verlorene Teilnahme an der Integrität des Seins, über die Idee des Falles in die Welt, über die Idee des Jüngsten Gerichts als unserer Konfrontation mit dem absoluten Horizont unseres Beziehens, bis zur Idee der Erlösung als Gipfel der Transzendenz, jener »Quasi-Identifikation« mit der Fülle des Seins, zu der sich das Menschsein immer aufs Neue ausspannt. Und der Umstand, dass alle die kurzschlussartigen Versuche des Fanatismus, das »Paradies auf Erden« zu organisieren, unausweichlich nur in einer irdischen Hölle münden, ist mehr als deutlich von der Bemerkung ausgedrückt, dass das Reich Gottes nicht »von dieser Welt« ist. Wirklich: ein relativ erträgliches Leben auf dieser Welt kann nur ein Menschsein sicherstellen, das »hinter« diese Welt orientiert ist, ein Menschsein, das sich – in jedem seinem »Hier« und jedem seinem »Jetzt« – auf das Unendliche bezieht, das Absolute und die Ewigkeit. Die vorbehaltlose Orientierung auf das »Jetzt« und »Hier« verwandelt jedes erträgliche »Jetzt« und »Hier« in eine hoffnungslos leere Wüste und färbt sie zuletzt mit Blut.*

*Ja, der Mensch ist eigentlich – wie Christus an das Kreuz – an den Schnittpunkt zweier Paradoxe angeschlagen: ausgestreckt zwischen der Horizontalen der Welt und der Vertikalen des Seins, mitgerissen von der Hoffnungslosigkeit des Da-Seins auf der einen und der Unerreichbarkeit des Absoluten auf der anderen Seite, balanciert er zwischen der Qual der Unbekanntheit seiner Sendung und der Freude an ihrer Erfüllung, zwischen dem Nichts und dem Sinnvollen. Und wie Christus auch siegt er vor allem in seinen Niederlagen: Im Anblick der Absurdität findet er wiederum Sinn, in seinem Versagen entdeckt er neu seine Verantwortung, im Tod – seiner letzten und größten Niederlage – siegt er definitiv über seine Gebrochenheit. Auf ewig seinen Umriss im »Gedächtnis des Seins« beschließend, kehrt er einst – ohne auf irgend etwas seiner »Andersheit« zu verzichten – in den Schoß des integralen Seins zurück.*

Es siegt der Mensch vor allem in seinen Niederlagen: Im Anblick der Absurdität findet er wiederum Sinn, in seinem Versagen entdeckt er neu seine Verantwortung, im Tod siegt er definitiv über seine Gebrochenheit ... Genau zu diesem Sieg in allen Niederlagen will die Logotherapie hinführen.

## ZITAT IV (Hans Küng) [6]

*Wir alle kennen sie: diese Gesellschaft, in der nicht mehr die Arbeit, sondern das immer neue Erleben im Zentrum steht. Das Erlebnis ist hier vielfach Selbstzweck geworden. So vieles brauchen wir nicht und hätten es doch gerne. Ist es nicht so: Von neuer Garderobe bis zum neuen Auto ist uns der Erlebniswert oft wichtiger als der Gebrauchswert. Sinn des Lebens ist weniger die Arbeit als die Suche nach dem schönen Erlebnis und die »Ästhetisierung« des Alltags: Alles soll gefälliger, schöner, auch spaßiger werden. Und: »Was Spaß macht, muss erlaubt sein!«*

*Kein Wunder, dass neben dem Arbeitsmarkt der Erlebnismarkt in dieser Gesellschaft zu einem beherrschenden Bereich unseres täglichen Lebens geworden ist, wo die Anbieter immer raffinierter, aber auch wir als die Nachfrager immer routinierter geworden sind ... Also: »Erlebe dein Leben!«: ist dies der Sinn des Lebens? Und – sind wir nun zufriedener? Nicht gerade! Der Soziologe Gerhard Schulze hat festgestellt: »Wochenende und Urlaub, aber auch Partnerbeziehung, Beruf und andere Lebensbereiche geraten unter einen Erwartungsdruck, der Enttäuschungen erzeugt. Je vorbehaltloser Erlebnisse zum Sinn des Lebens schlechthin gemacht werden, desto größer wird die Angst vor dem Ausbleiben von Erlebnissen ...«*

*Da ist guter Rat buchstäblich teuer, wie der Rat vieler Psychologen und Psychotherapeuten, der lautet: Angesichts all der wissenschaftlichen, politischen und religiösen Revolutionen und Relativierungen musst du den Sinn in dir selber finden! Arbeite an deinem Selbst, schöpfe deine Potentiale aus, entwickle selber deine Ziele, deine Moral, erfinde deinen Lebenssinn. Definiere, nach welchen Prinzipien du leben willst ... Also: »Verwirkliche dich selbst!«: Ist dies der Sinn unseres Lebens? Gibt dies einen letzten Lebenssinn, der eine Richtung im Leben vermittelt, und das, worauf es gerade Psychologen und Psychotherapeuten ankommt: persönliche Identität und Integrität, ein Gefühl der Kohärenz und Stabilität, was auch schwere Situationen durchhalten lässt? Ist unser Selbst bei solcher Sinnstiftung nicht überfordert?*

*Meine Antwort: Wir Menschen, und wir Menschen allein, sind sinnsuchende Wesen. Einen tieferen Lebenssinn gewinnen wir aber nur dadurch, dass wir unser Leben auf eine Tiefendimension hin öffnen. Dadurch, dass wir bei allem Leben und Erleben und, bei allem Arbeiten und Verarbeiten in erster und letzter Instanz uns doch auf etwas verlassen, dessen Quelle wir nicht selber sind. Einen alles übergreifenden, alles umgreifenden Sinn im Leben gewinnen wir nur, indem wir inmitten aller Arbeit, inmitten allen Erlebens mit guten Gründen ein Vertrauen auf diese verborgene Wirklichkeit setzen: ein durchaus vernünftiges Vertrauen auf jenen allerersten-allerletzten Sinn-Grund, der uns zu tragen, zu durchdringen, zu geleiten vermag, und den wir mit dem viel missbrauchten und geschändeten Namen Gott bezeichnen.*

Einen tieferen Lebenssinn gewinnen wir aber nur dadurch, dass wir unser Leben auf eine Tiefendimension hin öffnen ... Genau dies ist Anliegen der Logotherapie, wenngleich sie die »Tiefe« zur »Höhe« umdefiniert, und sich selbst dementsprechend als »Höhenpsychologie« versteht.

Die vorangehenden Zitate haben punktuell angedeutet, aus welchen Quellen wir leben. Holen wir uns nun Impulse aus einer wahrhaft spirituellen Psychologie, um den Zugang zu diesen Quellen für uns und andere neu auszuschildern und notfalls ein Stück freizubaggern.

# Das Wertvolle
# und seine Abweichung

Eine kritische Anfrage
an die Polaritätsphilosophie

Unter den philosophischen und religiösen »Bildern« der Gegenwart befindet sich eines, das von bedeutenden Denkern angedacht und weitergesponnen wurde, nämlich die Polaritätsphilosophie. Genial ausformuliert hat sie zuletzt Bijan Amini[7], der aus ihr neue Ansätze einer von ihm entwickelten Krisenpädagogik abzuleiten versucht. Dabei beruft er sich u.a. auf das Gedankengut von Viktor E. Frankl. Allerdings wird die Polaritätsphilosophie von der Logotherapie konzeptionell nicht mitgetragen. Eine Diskussion um Pro und Contra soll die Gründe dafür herausmeißeln.

Zunächst einige Erläuterungen zur Polaritätsphilosophie: Ihr zufolge existieren von jeder Erscheinung der menschlichen Vorstellungswelt zwei polare Hälften, die einander gegenseitig begründen und wechselseitig bedingen. Angefangen vom Ein- und Ausatmen oder von Spannung und Entspannung bis hin zu Wahrheit und Irrtum oder Leben und Tod pendelt alles in dieser »Zweiheit«, in die es – hier beginnt der Glaube – durch die Spaltung einer Ur-Einheit gelangt ist. »Polare Struktur und Dynamik zeugen gleichsam vom Schmerz der Spaltung der Ur-Eins und vom Bestreben zur Wiedervereinigung. Am Anfang stand also die Ur-Einheit, am Ende steht oder soll stehen die Wiedervereinigung der beiden Polarhälften zu einer Ganzheit. Dazwischen liegt die Polarität, in der sich unser Seins- und Erkenntnishorizont abspielt«, schreibt

Bijan Amini. Daraus leitet er schlüssig ab, dass auch jede Lebenskrise Gefahr und Chance in sich birgt und dementsprechend mit stumpfsinniger Verzweiflung oder mit sinn-orientiertem Wachstum beantwortet werden kann, je nachdem, welcher der beiden Pole im Visier des Begreifens liegt. Krisenpädagogik zielt nach Amini darauf ab, »das (kritische) Geschehen als nur die eine polare Hälfte des Lebensgeschehens zu betrachten. Das Reifen liegt dann im Suchen und Deuten und Finden der anderen Hälfte. Die betroffene Person soll idealiter selber die Geschichte er-gänzen und voll-enden.«

Bijan Amini erläutert seine Thesen anhand eines bewegenden Beispiels. Zum sterbenden Gandhi kam ein Hindu, der ein Moslemkind getötet hatte aus Rache für den Mord an seinem Sohn, den die Moslems zuvor umgebracht hatten. Der Teufelskreis zwischen empfangenem und ausgeteiltem Schmerz im tödlichen Verfangensein zwischen Leid und Schuld schien aussichtslos. Die Krise war perfekt. Dennoch hatte sie noch eine Chance. Eine ganz andere Seite, einen »Gegenpol«, wie Amini meint. Gandhi brachte diesen in seinem Rat an den Hindu auf den Punkt: »Ich weiß einen Weg, der dich aus der Qual herausführt. Suche ein Kind, das keine Eltern mehr hat, dessen Vater und Mutter umgekommen sind, einen Jungen ... und behandle ihn wie deinen Sohn. Er soll ein Moslem sein, hörst du? Und erziehe ihn auch danach!«

Im Kontext des Beispiels verweist Bijan Amini auf Viktor E. Frankl, der in seinem Leben und Werk dargelegt hat, dass es kein noch so hartes Schicksalsereignis gibt, dem der Mensch nicht einen Sinn abgewinnen könnte. »Je schwieriger ein Sinnrätsel zu lösen ist, umso größer ist die Herausforderung für das Bewusstsein, das heißt, umso größer ist die Reifungschance (des Menschen)«, so Amini. Dagegen ist selbstverständlich nichts einzuwenden. Unsere Bedenken richten sich nicht gegen die Lösung obigen »Sinnrätsels«, die geradezu klassisch logotherapeutisch anmutet, wenn man sie mit dem Schrifttum Frankls und seiner Schüler zur Thematik der Aggressionsbewältigung vergleicht.[8] Die Bedenken richten sich gegen die theoretische Untermauerung jener hervorragenden Lösung durch die Polaritätsphilosophie. Denn diese suggeriert, sehr vereinfacht ausgedrückt, ein Nebeneinander zweier gleichwertiger Pole, eben zweier Hälften, in die die Ur-Einheit einst zerbrochen ist. Etwa wie eine Nuss, die in zwei Schalen zerbirst, wenn man darauftritt. Entdeckt man nun die zweite, verlorengegangene oder weggesprengte Hälfte, lässt sie sich mit der ersten Hälfte wieder zur Einheit verbinden, und alles ist »gut«, weil es dem heilen Urzustand entspricht.

Freilich gibt es auch ein solches Nebeneinander zweier gleichwertiger Pole. Das bereits erwähnte Ein- und Ausatmen oder der Rhythmus von Spannung und Entspannung gehören dazu. Tag und Nacht, Mann und Frau, Hitze und Kälte sind weitere Pol-Paare unter vielen. Aber mit Lebenserhaltung und Lebensvernichtung, Wahrheit und Irrtum, Liebe und Hass verhält es sich anders. Paare der letzteren Kategorie stehen nicht nebeneinander, sondern in einem Übereinander-Verhältnis, und sind daher eigentlich auch keine Paare und schon gar keine Pole. Auf sie trifft der berühmte Spinozasatz: »Die Wahrheit ist die Norm ihrer selbst und des Falschen« zu, was bedeutet, dass es sich bei ihnen jeweils um einen einzigen Wert handelt, der in sich und aus sich heraus da ist, also nicht erzeugt wird im Kontrast zu einem Unwert als Gegenpol, sondern »seine eigene Norm« ist, seine eigene ontologische Größe, eben Werthaftigkeit, besitzt. Der Mann ist nicht der höhere Wert als die Frau, aber das Leben ist der höhere Wert als seine Vernichtung – ein Gespür davon hat die Natur allen ihren Lebewesen in Form eines unüberbietbaren Überlebenswillens eingehaucht. Analog ist die Wahrheit der höhere Wert als der Irrtum und die Liebe der höhere Wert als der Hass. Der jeweilige Wert, der aus sich selbst heraus existiert, ist sozusagen der favorisierte Pol, der ethisch vertretbare, der vom Logos gezeichnete Pol, das Soll, auf das alles Sein zuläuft. Und was ist der andere »Pol«? Ein Nichts. Er ist nichts aus sich selbst heraus. Er ist nur die Abweichung vom Wert, die Schwankungsbreite, in der ein Wert sich selbst verfehlt. Die Missachtung des Lebens ist die Abweichung von der uns aufgetragenen und abverlangten Wertschätzung des Lebens. Der Irrtum ist die verfehlte Wahrheit. Der Hass ist die misslungene Liebe. Der Widersinn ist das Nein zum Sinn. Derlei »Gegenpole« sind keine Pole, sie entpuppen sich als bloße »Neins« zu den Polen. Sie sind die faulen Anteile der Nüsse und nicht ihre Hälften. Existiert der Wert nicht, existiert die Abweichung von ihm auch nicht; existiert die Abweichung nicht, existiert der Wert noch immer.

Baruch de Spinoza hat den dargestellten Sachverhalt mit der Unumkehrbarkeit von Aussagen einleuchtend illustriert. Der Irrtum ist die Abweichung von der Wahrheit, aber die Wahrheit ist nicht die Abweichung vom Irrtum. Die Kenntnis des Irrtums erzählt nichts über die Wahrheit. Die Kenntnis der Wahrheit hingegen erzählt auch alles über den Irrtum. Wenn jemand von einem Weg weiß, dass er falsch (nicht zielführend) ist, kennt er noch lange nicht den richtigen (zum Ziel führenden) Weg. Wenn jemand den richtigen Weg weiß, kennt er sämtliche falschen Wege. Das Wissen um den wahren Weg ist umfassender. Wie könnten richtig und falsch polare Begriffe sein? Das Richtige ist das Maß des Falschen und nicht umgekehrt.

Genauso ist es mit den Lebenskrisen. Sie sind Gefahr und Chance, aber Gefahr und Chance stehen nicht nebeneinander. Die Chance steht höher. Die Chance ist das Eigentliche, das Wesentliche, auf das jede Krise hingeordnet ist. Die Wertgröße, die in der Krise verborgen schlummert. Wer die Chance erkennt, begreift auch die Gefahr, der er im Ergreifen der Chance entrinnt. Wer die Gefahr erkennt, muss die Chance zum Entrinnen noch lange nicht begriffen haben. Die Gefahr, in einer Krise seelisch zu verunglücken, ist die Abweichung vom Sinn der Krise, das Nicht-Verstehen des ihr innewohnenden Sinnpotentials bzw., in der Diktion Bijan Aminis, das Nichtlösen ihres Sinnrätsels. Gerade das Gandhi-Beispiel verdeutlicht dies exzellent. Der verzweifelte Hindu ruft Gandhi entgegen: »Ich ende mal wie ein Tier ... Ich tötete ein Kind. Ich habe ein Kind getötet, verstehst du?« Er hat die Gefahr der Krise sonnenklar vor Augen, den Untergang des Menschlichen (wie ein

Tier!) in der Schuld. Aber er sieht noch nicht seine Chance. Erst als ihm diese eröffnet wird, weiß er um beides: Untergang und Auferstehung. Und gleichzeitig weiß er: Seine ganze Krise zentriert sich um einen Wert, einen einzigen »Pol«, einen Mittelpunkt: die Auferstehung des Menschlichen. Alles andere ist – nichts.

Anliegen einer fruchtbaren Krisenpädagogik kann es daher nur sein, den jeweiligen Wert aufzuzeigen, der in der Abweichung von ihm gefährdet ist. Ihr Anliegen kann es nicht sein, halbe Geschichten zu ganzen zu machen, wie es die Polaritätsphilosophie fordert, sondern Quintessenz und Höhepunkte von Geschichten zu retten, die zu verflachen oder ihr Thema zu verfehlen drohen. Nicht im Nebeneinander ist Ergänzung nötig, sondern im Übereinander ist Erkenntnis nötig. Die Erkenntnis jenes Sinnabglanzes, der in jeden kleinsten Winkel unseres Erdendaseins einfällt, in Freud und Leid, in alle polaren Widersprüchlichkeiten des Lebens, bis hinunter in die dunkelsten Ecken menschlicher Abgründe ... immer wieder vom Logos kündend (»Im Anfang war der Logos«), vom Ur-Einen (»Ich bin, der ich bin«), neben dem nichts steht. Denn: Alles, was steht, steht darunter. Und doch: Alles, was sich ihm zuwendet, wird – von der Abweichung »erlöst« – in seine Gnade aufgenommen.

# Die Liebe aber ist die größte ...

## Eine kritische Anfrage an die Neurosenlehre

Es ist eine faszinierende Möglichkeit, dass der »letzte Sinn« eines Menschenlebens im »Vordringen zur Liebe« bestehen könnte. Schade, dass das Wort »Liebe« so abgenutzt ist. Es hat tausend Facetten, und ich formuliere die tausenderste, wenn ich dieses »Vordringen zur Liebe« als »geistige Annäherung an ewige Werte« umschreibe. Könnte es dennoch sein, dass – in der Negation gesprochen – ein Menschenleben, das sich nicht auf Liebe hin entwickelt, »unvollendet« endet?

Gehen wir davon aus, es wäre so. Das »Vordringen zur Liebe« wäre das Kriterium der Sinnhaftigkeit eines Lebens. Müssten wir dann nicht, die Unterschiedlichkeit der Menschen im Blick, annehmen, dass jeder eine andere Ausgangslage für seine Entwicklung auf Liebe hin bei sich vorfindet? Manche mögen bei der Verachtung anfangen müssen, und jede kleinste Abrückung davon wäre schon eine Bewegung auf Liebe zu. Manche müssen bei der Gleichgültigkeit anfangen und sich mühsam daraus befreien. Andere bringen ein hohes Potential an Freundlichkeit und ein reiches Wertsystem ins Leben mit; sie mögen es bei ihrem »Vordringen zur Liebe« leichter haben.

Aber der Sinn ist sozusagen die unabhängige Konstante. Er ist unikal für jedes unikale Menschenleben, und er ist ein unbedingter, an keine Bedingung des Lebens geknüpft. Spätestens seit den Forschungen Viktor E. Frankls wissen wir, dass der Mensch Sinn finden und erfüllen kann, wie immer seine gegenwärtige Situation und Konstitution beschaffen ist, wo immer er starten muss. Könnte es daher sein, dass der erfüllte Sinn eines Menschenlebens in der jeweils stattgefundenen Entwicklungsspanne auf Liebe hin aufscheint, und nicht so sehr in der tatsächlich erreichten Annäherung an ewige Werte? Ein einfaches Diagramm zur Veranschaulichung:

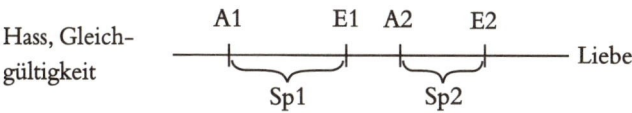

Ein Mensch, der in der Ausgangslage A1 startet, entwickelt sich im Vordringen bis zum Punkt E1 stärker auf die Liebe zu, als ein Mensch, der sich in der Ausgangslage A2 vorfindet und nach E2 gelangt. Denn die Entwicklungsspanne Sp1 des erstgenannten Menschen ist größer als die Entwicklungsspanne Sp2 des zweitgenannten, obwohl der Zweitgenannte weiter zur Liebe vordringt als der Erstgenannte. Es ist gut vorstellbar, dass sich die Qualität eines Menschenlebens eher an einer solcherart »geleisteten« Entwicklungsspanne in Richtung Liebe bemisst, als am tatsächlich erreichten Standort ohne Rückbezug auf die Ausgangslage.

Freilich ist das graue Theorie. Farbtupfer bekommt sie nicht zuletzt durch ihre Bedeutung für das psychotherapeutische Wirken. Es ist nicht abwegig, den Psychotherapeuten als »Entwicklungshelfer« zu verstehen, dessen Auftrag es ist, das Seine zu tun, auf dass sich die Entwicklungsspanne seiner Patienten in Richtung Liebe vergrößere. Dabei denke ich speziell an Patienten mit einer neurotischen Persönlichkeitsstörung.

Über das neurotische Phänomen sind viele Abhandlungen geschrieben worden, doch gibt es bis heute keine vollkommen schlüssige Erklärung. Nicht einmal die jedermann einleuchtende Vorstellung, dass seelischer Schmerz, seelische Entbehrung und seelischer Stress Neurosen auslösen (von »verursachen« gar nicht zu reden), ist durchgängig zu halten, da in Kriegs- und Notzeiten Neurosen beharrlich verschwinden, um in Perioden relativen Wohlergehens wiederzukehren.

Wo keine schlüssige Erklärung ist, habe ich auch keine, doch möchte ich kraft meiner Berufserfahrung die folgende Behauptung wagen: *Dem Neurotiker fehlt ein Stück Liebesbereitschaft.* Dass sie ihm fehlt, weil er selber zu wenig Liebe empfangen hätte, wäre zu platt. Auf dem Glatteis dieser These sind schon manche Experten ausgerutscht und von Gegenbeweisen überrollt worden. – Ob eine Erbdisposition mit im Spiel ist? Auch dazu gibt es keinen eindeutigen Nachweis. Vielleicht ist eine neue Bescheidenheit angezeigt. Der Psychologe weiß nicht alles. Die einst postulierten psychologischen »Röntgenaugen«, denen sich die Eingeweide der menschlichen Seele offenbaren würden, dürfen getrost zum alten Eisen geworfen werden.

Ich spare mir also Hypothesen, warum dem Neurotiker ein Stück Liebesbereitschaft fehlt, und folgere dahingehend weiter, dass ihm, weil sie ihm fehlt, auch *dasjenige »Liebenswerte« abhanden gekommen ist, das wichtiger wäre als die Angst.* Es ist ihm sozusagen aus dem Gesichtsfeld gerutscht. Eine revolutionäre Idee! Die meisten psychotherapeutischen Ansätze, die den phantastischen Ängsten des Neurotikers ihre ganze Aufmerksamkeit widmen, würden sich erübrigen. Was, wenn es gar nicht darum ginge, ihn von seinen Ängsten zu befreien? Man dachte, sobald die Ängste gebannt sind, wird die Liebe schon kommen. Wenn es aber gerade umgekehrt ist: dass die Liebe kommen muss, weil sie allein die Ängste zu bannen vermag? Was dann? Dann müssten wir tatsächlich im Geiste Viktor E. Frankls weiterdenken.

Eine kleine Geschichte[9] soll das Gemeinte exemplifizieren. Sie beschreibt die klassische Szene eines neurotischen Aufschaukelungsprozesses besser, als jedes Lehrbuch es vermöchte. Ein kleines Mädchen namens Celia erlebt in Frankreich während eines Bergausflugs mit dem Vater und dem älteren Bruder Cyril ein psychisches Trauma und zappelt hilflos gefangen in seinen übergroßen Ängsten. Oder ist es anders ...?

*Eines Tages sagte der Vater zu ihr:* »*Nun, wie würde es dir gefallen, diesen Burschen da zu besteigen?*« *Er deutete auf den Berg hinter dem Hotel.*
»*Ich, Papa? Ganz bis nach oben?*«
»*Ja. Du darfst auch einen Muli reiten.*«
»*Was ist ein Muli, Papa?*«
*Er erklärte ihr, ein Muli sei nicht ganz ein Esel, auch nicht ganz ein Pferd, sondern etwas von beidem. Celia war sehr aufgeregt, weil sie das Abenteuer einer Bergbesteigung erleben sollte, aber die Mutter meldete einige Zweifel an. Ob es denn für Celia auch sicher genug sei? Der Vater lachte sie aus, sie sei ein Angsthase, und es sei absolut sicher.*

*Sie und ihr Bruder Cyril sollten mit dem Vater an dem Ausflug teilnehmen. Cyril sagte indigniert:* »*Was, die Kleine kommt auch mit? Mit der wird es nichts als Ärger geben.*« *Er hatte Celia wohl recht gern, aber er sah seinen männlichen Stolz verletzt, wenn ›das Kind‹ schon mitdurfte. Bei Männerexpeditionen hatten Kinder, vor allem kleine Mädchen, nichts zu suchen.*

*Am frühen Morgen des großen Tages stand Celia auf dem Balkon und sah die Mulis ankommen. Sie trotteten um die Ecke und sahen eher wie Pferde aus, nicht wie Esel. Celia rannte begeistert nach unten. Ein kleiner, braunhäutiger Mann sprach mit dem Vater und erklärte ihm, er persönlich werde auf* »*la petite demoiselle*« *aufpassen. Ihr Vater und Cyril stiegen in den Sattel. Dann hob der Führer Celia hoch und setzte sie auf ihren Muli. Ihr kam es furchtbar hoch vor. Aber sie fand es herrlich aufregend. Sie ritten los.*

*Die Mutter winkte ihnen vom Balkon aus nach. Celia wuchs ein ganzes Stück vor Stolz. Jetzt war sie erwachsen, weil sie ein solches Abenteuer bestehen durfte. Der Führer lief immer neben ihr her und schwatzte mit ihr, aber Celia verstand kaum etwas von dem, was er sagte, weil er einen sehr spanischen Akzent hatte.*

*Es war ein herrlicher Ritt. Die Zickzackpfade wurden allmählich steiler, und schließlich hatten sie auf einer Wegseite eine senkrechte Felswand, auf der anderen einen ebenso steilen Abhang. Celias Muli hatte die etwas beunruhigende Angewohnheit, immer am Rand des Abhangs zu laufen und an jeder Kehre mit den Hinterbeinen auszuschlagen. Celia meinte, es sei ein sehr kluges Pferd, nur den Namen fand sie komisch; es hieß Anisette.*

*Gegen Mittag erreichten sie den Gipfel. Dort war eine winzige Hütte mit einem Tisch davor; an den setzten sie sich, und wenig später brachte ihnen eine Frau ein sehr gutes Mittagessen: es gab ein Omelette, gebackene Forellen, cremigen Käse und Brot. Und Celia konnte mit einem sehr großen, sehr wolligen Hund spielen.*

*»C'est presqu' un Anglais«, sagte die Frau. »Il s'appelle Milor.« Milor war sehr liebenswürdig. Celia konnte mit ihm machen, was sie wollte.*

*Bald sah Celias Vater auf die Uhr und fand, dass es Zeit sei, sich an den Abstieg zu machen. Der Vater rief nach dem Führer. Der kam lächelnd an und hatte etwas in der Hand. »Sehen Sie mal, was ich gerade gefangen habe«, sagte er. Es war ein großer, bunter Schmetterling.*

*»C'est pour Mademoiselle«, sagte er.*

*Bevor sie noch begriff, was er vorhatte, zog er eine Nadel aus der Tasche und pinnte Celia den Schmetterling geschickt ganz oben auf den Strohhut. »Voilà que Mademoiselle est chic«, äußerte er sich lobend und trat einen Schritt zurück, um sein Kunstwerk zu bewundern.*

*Sie bestiegen ihre Mulis und begannen den Abstieg.*

*Celia fühlte sich elend. Der Schmetterling lebte noch, und sie spürte seine Flügel an ihren Hut schlagen. Von einer Nadel durchbohrt! Ihr war ganz schlecht bei dem Gedanken. Sie fühlte sich hundeelend. Und dann rollten ihr dicke Tränen über die Wangen.*

*»Was ist denn los, mein Püppchen?« fragte der Vater besorgt, als er es bemerkte. »Bist du müde? Hast du Schmerzen? Tut dir der Kopf weh?«*

*Celia schüttelte nur den Kopf und schluchzte herzzerreißend.*

*»Sie ist müde«, meinte Cyril. »Oder sie hat Angst vor dem Pferd.« Celia schüttelte den Kopf noch heftiger. »Dann verrate mir doch, warum du so flennst.«*

*»La petite demoiselle est fatiguée«, vermutete der Führer.*

*Celias Tränen strömten immer heftiger. Alle starrten sie besorgt an und fragten ihr Löcher in den Bauch, aber sie konnte einfach nicht sagen, warum sie so unglücklich war.*

*Man drang in sie, doch zu sagen, was ihr fehle, aber das konnte sie nicht. Der Führer hatte versucht, ihr eine Freude zu machen, und den durfte sie nun nicht kränken. Er war so stolz auf seine Idee gewesen, den*

*Schmetterling an ihren Hut zu stecken. Sie konnte doch nicht offen zugeben, dass ihr der Schmetterling an ihrem Hut nicht gefiel. So konnte sie natürlich niemand, aber auch wirklich niemand verstehen! Die Flügel des armen Schmetterlings flatterten im Wind immer heftiger. Celia weinte, als könnte sie nie wieder aufhören. Bestimmt hatte sich noch nie ein Mensch so elend gefühlt wie sie im Augenblick.*

»*Wir sehen besser zu, dass wir so schnell wie möglich zurückreiten*«, *sagte ihr Vater. Er verstand die Welt nicht mehr.* »*Wir wollen sie zu ihrer Mutter bringen. Meine Frau hat völlig recht. Der Ausflug war einfach zuviel für das Kind!*«

*Celia hätte am liebsten aufgeschrien:* »*Stimmt ja gar nicht! Wirklich nicht! Ich weine aus einem anderen Grund.*« *Doch sie sagte nichts, denn dann würden sie sie wieder fragen:* »*Ja, warum weinst du denn dann?*« *Also schüttelte sie nur ganz benommen den Kopf.*

*Sie weinte während des ganzen Rittes bergab. Ihr wurde immer elender zumute. Alles erschien ihr schwarz und hoffnungslos.*

*Sie weinte noch immer, als man sie vor dem Hotel vom Muli hob. Ihr Vater trug sie nach oben, wo die Mutter wartete.* »*Du hattest recht, Miriam*«, *sagte er,* »*es war zuviel für Püppchen. Ich weiß nicht, ob ihr etwas weh tut oder ob sie nur übermüdet ist.*«

»*Bin ich nicht*«, *schluchzte Celia.*

»*Sie hat Angst gehabt, weil es so steil war*«, *sagte Cyril.*

»*Hab' ich nicht*«, *behauptete sie weinend.*

»*Was hast du denn dann?*« *drang ihr Vater in sie.*

*Celia starrte ihre Mutter wie betäubt an. Sie wusste, dass sie nie, niemals über ihren großen Kummer sprechen konnte. Der musste zutiefst in ihrem Herzen verschlossen bleiben. Sie wollte es ja sagen, ach, wie gern hätte sie es allen ins Gesicht geschrien. Doch sie brachte es nicht fertig. Sie fühlte sich auf geheimnisvolle Weise zum Stillschweigen verpflichtet – als habe jemand ihre Lippen versiegelt. Ach, wenn nur Mami wüsste, weshalb sie so unsagbar traurig war! Mami würde es verstehen, nur sagen konnte sie es ihr nicht. Alle sahen sie an und warteten darauf, dass sie ihr Jammergeschrei irgendwie begründete. Alles in ihr zog sich schmerzhaft zusammen. Sie schaute sie nur an mit einem Blick, der flehte: hilf mir doch, bitte!*

*Miriam erwiderte den Blick.*
*»Ich glaube, sie mag den Schmetterling an ihrem Hut nicht«, sagte da die Mutter. »Wer hat ihn dort angesteckt?«*
*Oh, wie erleichtert war sie da! Wie wundervoll war Mami. Es schmerzte fast, so erleichtert war sie.*
*»Ich hasse ihn, ich hasse ihn!« schrie sie. »Er lebt doch noch und flattert mit den Flügeln. Man hat ihm sehr weh getan!«*
*»Warum hast du dann nicht den Mund aufgemacht?« hielt ihr Cyril vor.*
*»Ich nehme an, sie wollte den Führer nicht kränken«, sagte die Mutter.*
*»O Mami!« rief Celia. In diesen Worten lag alles – ihre Erleichterung, ihre Liebe, ihre Dankbarkeit, ihre Bewunderung.*
*Ihre Mutter hatte sie verstanden.*

Soweit die Geschichte. Es liegt auf der Hand, dass fast jeder Leser spontan denkt: armes Mädchen! Der psychologisch versierte Leser wird außerdem möglicherweise gewichtige Schlussfolgerungen daraus ziehen. Ein prägendes seelisches Horrorerlebnis, das nur schwer verarbeitet werden kann ... Die Romanautorin dachte dies auch und entwickelte die Geschichte konsequent weiter bis zum hysterischen Selbstmordversuch der 38-jährigen Celia.

Jetzt aber möchte ich einige Spitzen und Zacken anbringen, die das schön abgerundete Bild in neuer Form zeigen. Denn die Wirklichkeit der Geschichte ist eine andere. Was ist konkret geschehen? Einige Menschen haben sich bemüht, einem kleinen Mädchen eine Freude zu bereiten. Der Vater mietete einen Maulesel, damit seine Tochter am Bergausflug teilnehmen konnte, ohne vorzeitig zu ermüden. Die Wirtin von der Berghütte brachte ein köstliches Mittagessen. Und der Bergführer fing einen bunten Schmetterling, um den Hut der Kleinen damit zu verzieren. Zugegeben, kein besonders erbaulicher Einfall, aber fragen wir: Was ging von dem Mädchen aus? Es hat dem Vater, dem Bruder und dem Bergführer den Ausflug gründlich verdorben und den Schmetterling gnadenlos seinem Schicksal überlassen. Natürlich will ich das Kind nicht anklagen. Es ist ein Kind! Dennoch kann man an der Tatsache nicht vorbeisehen, dass das Leid, das das Kind ausgeteilt hat, größer gewesen ist als das Leid, das es erlitten hat. Haben wir hier eine Urwurzel der Neurose bloßgelegt? Wie hätte sich ein gesundes, nicht zur Neurose neigendes Kind in derselben Lage verhalten? In dem Moment, da sich der Bergführer daranmachte, den Schmetterling am Hut zu befestigen, hätte es protestiert. Es hätte seinen Unwillen darüber kundgetan und darum gebeten, das Tier freizulassen. Vielleicht hätte es auch anfangs den angesteckten Schmetterling aus Höflichkeit als »Geschenk« akzeptiert, aber später, wenn es das Tier mit den Flügeln schlagen spürt und ihm deswegen die Tränen in die Augen steigen, dem fragenden Vater seine Bedenken anvertraut.

Im ersten Fall hätte beim gesunden, nicht neurotisch disponierten Kind, die *Liebe zum Tier* über die Angst gesiegt. Die Angst oder Hemmung, gegen einen fremden Erwachsenen aufzubegehren, wäre genauso dagewesen, wäre im selben Maße vorhanden gewesen wie bei Celia, aber dasjenige, was wichtiger ist als die Angst, eben die Liebe zum bedrohten Tier, hätte zum Widerstand motiviert. Im zweiten Fall hätte beim gesunden, nicht neurotisch disponierten Kind die *Liebe zum Vater* über die Angst gesiegt. Das Sich-Genieren, weil man über einen Schmetterling am Hut weint, die Peinlichkeit des Eingeständnisses wären absolut normal gewesen, wären gleichermaßen wie bei Celia vorhanden gewesen, aber dasjenige, was wichtiger ist als die Angst, eben die Liebe zum besorgten Vater, der nicht verstehen kann, was los ist, hätte die Peinlichkeit überwinden geholfen.

So wenig hätte es im Grunde das Mädchen gekostet, um die Gesamtsituation zu entschärfen und zu entdramatisieren. Der Satz: »Das möchte ich nicht« hätte die Hand des Bergführers beim Schmetterlingaufspießen gestoppt. Er, der ja nicht böse, sondern bloß ein rauher Naturbursche ist, hätte geschmunzelt und geantwortet: »Ganz wie Mademoiselle wünschen«. Der Satz: »Der Schmetterling tut mir leid« hätte dem Vater ein Aha-Erlebnis beschert, welches ihn veranlasst hätte, innerhalb einer Minute dem Schmetterling die Freiheit zurückzugeben und dem Töchterlein die letzten Tränen von den Wangen zu wischen. Die kleine Reisegruppe hätte wieder den herrlichen Bergblick genießen können, den Duft der Almen, den strahlenden Sonnentag, das erhebende Gefühl des Wanderns durch Gottes schöne Natur. Doch nichts dergleichen. Der erlösende Satz wird nicht gesprochen. Das »arme, zartbesaitete Mädchen« lässt in unglaublicher Härte und Gleichgültigkeit das Tier krepieren und Vater, Bruder und Bergführer in getrübter Stimmung talwärts trotten. Es weint keine Sekunde lang um den Schmetterling, es ist ohne einen Funken wahres Mitleid, was sowohl von der klugen Mutter erfasst wird (»Ich glaube, sie mag den Schmetterling nicht ...«) als auch in der Stunde der Wahrheit offenbar wird (»Ich hasse ihn ...«). Es weint einzig um sich selbst, aus Selbstmitleid, es weint über sein Unbehagen, das es beim Flügelschlagen des Tieres fühlt. Es ist ein armes Kind, daran besteht kein Zweifel, aber nicht arm, weil es so große Angst hat, sondern arm, weil seine Lieblosigkeit und Gleichgültigkeit der Um- und Mitwelt gegenüber so groß ist, dass es seinen Ängsten nichts entgegenzusetzen hat, rein gar nichts.

Bis zum Schluss raten drei Personen und zerbrechen sich die Köpfe über den Grund des Misslingens ihrer Bergtour, wobei ihnen vor lauter Konzentration auf das offensichtliche Unwohlsein des Mädchens die Nebensächlichkeit »Hut« völlig aus dem Blick gerät. Bis zum Schluss haben sich beim Vater sogar heftige Selbstvorwürfe aufgestaut, aber im Herzen seiner Tochter rührt sich nichts. Dann betritt die Mutter die Bühne des Theaters und wird auf die Probe gestellt. Kann sie den Sachverhalt erraten? Wenn ja, mag sie verschont bleiben, wenn nein, wird sie gewiss auch noch mit einer Fortsetzung des Heuldramas gestraft. Das Mütterchen kennt jedoch seine Tochter, durchschaut mit hellseherischen Fähigkeiten das Spiel und spielt es zum »Happy End«. Ein Plus für die Mutter, ein Minus für die Tochter. Denn diese kann auf einmal problemlos reden! Das Spiel ist aus, der Schmetterling ist tot, der Ausflug ist endgültig missglückt, Vater und Mutter werden sich in Zukunft noch mehr als bisher bemühen, des Töchterleins Wünsche von seinen Augen abzulesen und zu berücksichtigen – es gibt nichts weiter zu erledigen, das Werk der Lieblosigkeit ist vollbracht. Jetzt darf wieder normal geredet werden. Angst und Gehemmtheit haben ihren Zweck erfüllt.

Alfred Adler und Viktor E. Frankl haben bereits in den 20er-Jahren darüber diskutiert, ob die Verhaltensweisen von Neurotikern stets »Zweckcharakter« im Adlerschen Sinne haben, also bewusst oder unbewusst eine hysterische Show darstellen mit dem geheimen Ziel, Aufmerksamkeit und Zuwendung zu gewinnen (was bei Celia, sollte es ihr Vorhaben gewesen sein, perfekt gelungen ist), oder ob neurotische Verhaltensweisen auch simpel »Ausdruckscharakter« haben können, wofür Viktor E. Frankl plädierte. Ich tendiere bei der Beurteilung der Geschichte ebenfalls dazu, die seelischen Vorgänge im Mädchen für den *Ausdruck von etwas* zu halten. Aber nicht primär für den Ausdruck von Angst, auch wenn mir diese Version sympathischer wäre. Doch kann ich mich der Möglichkeit nicht verschließen, dass das beim Kind Abgelaufene eher Ausdruck eines »Loches« gewesen ist, eines Defizits an Liebe und Liebesbereitschaft. Eines »Loches«, das »gestopft« worden ist mit Angst und Tränen.

Wenn das stimmt, ist der Anspruch der vielen erwachsenen Celias in der Welt, dass ihnen das richtige, das tröstende und »erlösende« Wort aus der Mitwelt erbracht werde, bevor sie sich aufraffen, selber ein solches zu erbringen, schlichtweg hinfällig. In einem damit wären jene therapeutischen Ansätze in der Neurosenlehre hinfällig, die darauf abzielen, das Nicht-empfangen-Haben des tröstenden Wortes im entscheidenden Lebensabschnitt zu beklagen oder das Im-Nachhinein-Erfolgen eines solch tröstenden Wortes einzuklagen. Im Gegenteil: Alte Erfahrungsweisheit korrespondiert mit der logotherapeutischen Auffassung, dass *der Mensch geben kann, was er nicht empfangen hat.* Dass er kein Replikat, keine Durchlaufstation ist; dass er bewirken kann, was ihm nie vorgegeben worden ist, weil ihm der »Geist« innewohnt, der schöpferisch tätig ist. Wer hat

Beethoven komponieren gelehrt? Wer hat Michelangelo gezeigt, wie man Monumente baut? Wer hat den Brüdern Wright beigebracht, Flugzeuge zu entwerfen? Warum müssen Vertrauen und Liebe zu einem Patienten unbedingt vorgängig seinem eigenen Selbstvertrauen und seiner eigenen Liebe zur Welt sein?

Ich denke an eine Patientin, mit der ich darüber gesprochen habe. Sie war verwundert, geradezu erschüttert – heilsam erschüttert. Ihre Klage betraf das alte Lied: Eifersucht, Neid, Kränkung. Der Mensch und sein geknickter Selbstwert. Der Mensch, der vergisst, dass sein Wert »unknickbar« ist. Die ältere Dame, eine kinderlose Witwe, hatte einen älteren verwitweten Herren kennengelernt. Beide verstanden sich gut und rückten zueinander, um nicht allein zu sein. Der ältere Herr hatte einen Sohn, der verheiratet und mit zwei Kindern in einer entfernten Stadt wohnte. Dieser Sohn lehnte die Alterskameradin des Vaters ab, die mit wenig Diplomatie und Geschick plötzlich auf »der toten Mutter Platz« aufgetaucht war; die den Enkeln den Großvater »wegnahm«, der früher öfters mit kleinen Geschenken in der Tasche angereist gekommen und mit ihnen spazieren gegangen war, während er dieselbe Zeit nunmehr – auch nicht sehr diplomatisch! – seiner Bekanntschaft widmete.

Die ältere Dame reagierte auf die deutlich zu fühlende Ablehnung »selbstverständlich« mit Gegenablehnung. »Ich werde den jungen Leuten doch nicht nachkriechen«, stieß sie unter Tränen hervor, »ich brauche doch nicht um ihre Erlaubnis zu fragen, wenn ich mit meinem Freund ausgehe. Die haben ihren Vater lange genug ausgenützt ...« Keiner wollte nachgeben, keiner wollte sich etwas vergeben. Wenn der Vater den Sohn einlud, antwortete dieser: »Wir besuchen dich nur, wenn du allein bist.« Wenn der Sohn den Vater anrief, und die ältere Dame am Telefon war, legte sie kommentarlos auf. Alle litten an der Feindschaft, die keiner beendete.

Nun also hockte die Patientin tränenüberströmt bei mir. Die Einfachheit der »Lebenslösung« war eher zum Lachen als zum Weinen: Hingehen, die Hand ausstrecken, gut sein. Aber exakt dies schien unmöglich. Oder doch nicht?

Jedenfalls erzählte ich ihr von jener alten Erfahrungsweisheit. Ich erklärte ihr, dass alles, was von ihr ausgeht, von ihr gewählt wird, ganz und gar frei gewählt wird. Dass keine Macht der Erde sie zu einer bestimmten Reaktion zwingen kann. Ich erzählte von Indianern, die uns bewiesen haben, dass einem Menschen nicht einmal am Marterpfahl eine Reaktion abgepresst werden kann, zu der er nicht bereit ist. Dass Foltergeschichten aus aller Welt bezeugen, dass man einen Menschen, der einen anderen nicht verraten will, vierteilen kann, ohne dass er einen Verrat begeht. Ich sagte: »Was von einem Menschen ausstrahlt, seine Worte, seine Handlungen, bestimmt er und niemand sonst. Das ist auch bei Ihnen so. Sie und einzig Sie bestimmen, wieviel Freundlichkeit und wieviel Gehässigkeit von Ihnen ausstrahlen. Ihr Bekannter bestimmt das nicht. Der Sohn Ihres Bekannten bestimmt das nicht. Und die Kinder des Sohnes Ihres Bekannten bestimmen das schon gar nicht.«

»Aber wenn man mir gegenüber gehässig ist, kann ich doch nicht freundlich sein!« warf die Dame ein. »Doch«, beharrte ich, »können tun Sie wohl. Die Möglichkeit zur freundlichen Verhaltensweise besitzen Sie uneingeschränkt. Und wären hundert Leute ekelhaft zu Ihnen, hätten Sie die Möglichkeit, hundertmal herzlich und liebenswürdig zu sein. Ob Sie das wollen, ob Sie das wählen, ist eine andere Frage. Ob es überhaupt vernünftig und richtig ist, Ekelhaftigkeit mit Herzlichkeit zu erwidern, ist noch eine andere Frage. Ich weise nur auf die Freiheit hin, die Ihre ist. Eine grandiose, gewaltige Freiheit, unabhängig von allem, was auf Sie einströmt, darüber zu befinden, was von Ihnen ausströmt.«

Die ältere Dame sann meinen Argumenten nach, während ihre Tränen langsam versiegten. »Ich kann schon nett sein«, stimmte sie mir schließlich zu, »aber was hätte ich davon, wenn ich zu den Angehörigen meines Freundes nett wäre?«

Ich hatte diesen Einwand kommen gefühlt. Mit inneren Ohren hatte ich ihn gehört, bevor er ihre Lippen verließ. »Was hab' ich davon?« ist die zentrale Frage, um die sich unser heutiges Denken dreht. Es muss sich lohnen. Für einen selber lohnen. Sind wir derart verelendet? Wird bloß noch getan, wovon man etwas hat oder zu haben erhofft? Nein, das ist nur die Oberfläche, darunter ist mehr. Bei jedem Einzelnen von uns ist mehr da – der Funke, der alles neu macht.

Mein Blick fiel auf eine zart ziselierte Brosche, die die Patientin am Kragen ihres Kleides trug. Ich deutete darauf. »Ist diese Brosche ein Erbstück, oder haben Sie sie selbst ausgesucht?« »Selbst ausgesucht«, antwortete die Dame nicht ohne Anflug von Stolz. »Es ist eine meiner schönsten«. »Sagen Sie«, fuhr ich fort, »wenn Sie vor dem Kauf der Brosche jemanden getroffen hätten, der eine hässliche, plumpe Brosche getragen hätte, würden Sie sich dann auch eine hässliche, plumpe Brosche ausgesucht haben?« Die Patientin sah mich verdutzt an. »Meinen Sie, die Brosche ist wie mein Verhalten? Und wenn ich mich nicht nach den Broschen anderer Leute richte, muss ich mich auch nicht nach dem Verhalten anderer Leute richten?« »Ich meine noch mehr«, ergänzte ich. »Genau wie Ihre prächtige Brosche kann auch Ihr Verhalten Sie schmücken. Alles was Sie bestimmen, bestimmen Sie gleichzeitig über sich selbst. Wenn Sie jemanden schlecht behandeln, sind *Sie* eine schlechte Frau. Wenn Sie mütterlich zu jemandem sind, sind *Sie* eine mütterliche Frau. Wenn Sie verständnisvoll auf jemanden eingehen, sind *Sie* eine verständnisvolle Frau. Immer ist es die Brosche auf *Ihrem* Kleid, die Sie sich anstecken. Wenn Sie daher nett sind, *haben* Sie nichts davon, aber Sie *sind* nett ...«

Ein Schweigen entstand. Es dauerte lang, und ich fürchtete schon, ihr zu nahe getreten zu sein. Hätte ich ihr lieber auseinandersetzen sollen, in welch missliche Zwickmühle sie ihren Freund brachte, wenn sie ihn zwischen seinem leiblichen Sohn und der Gefährtin seines Lebensabends zerrieb? Hätte ich von den Enkelkindern sprechen sollen, die ein Anrecht darauf hatten, dass ihnen der Großvater noch eine Weile erhalten und später in guter Erinnerung blieb? Aber hätte dies nicht verdächtig nach »Moralisieren« geklungen und am Ende ihren Widerstand noch mehr entfacht?

»Ich könnte eines tun«, riss mich die Stimme der Patientin aus meinen sorgenvollen Überlegungen. »Ich könnte beim Sohn meines Freundes anrufen, mich entschuldigen, dass ich letztes Mal den Hörer aufgelegt habe, und ihn mit seinem Vater verbinden.« *Ihn mit seinem Vater verbinden* – da war er, der geistige Funke, und ich durfte buchstäblich zusehen, wie sich eine hässliche, plumpe Brosche auf dem seelischen Gewand einer alternden Frau in eine goldfarbene verwandelte! Es blieb mir nur noch, ihr beim Abschied die Hand zu drücken und alles Gute zu wünschen.

Der Mensch muss lernen, sich liebend zu überschreiten, anstatt ums Geliebtwerden zu zittern. Das ist die Neurosenheilsformel Nummer 1. Dass keine andere Seelenheilkunde außer der Frankl'schen Logotherapie dies so radikal formuliert, halte ich für bedauerlich.

# Auf dass es dir wohlergehe auf Erden

## Der Dekalog in logotherapeutischer Übersetzung

Wir sprachen vom »letzten Sinn« eines Menschenlebens, der im »Vordringen zur Liebe« bestehen könnte. Der Ausdruck »letzter Sinn« kann aber noch umfassender definiert werden, als wir es getan haben, nämlich als ein letztlich allem übergeordneter Sinn des Ganzen, in theologischer Chiffre: »Gott«. Und der »Wille zum letzten Sinn«, auf den Viktor E. Frankl in seinen Schriften hinweist, bedeutet dann, dass jeder Mensch sich früher oder später suchend ausstreckt nach einer divinen Totalgeborgenheit, nach einer transzendenten Stimmigkeit, nach einem ungebrochenen All-Sinn-Zusammenhang, in dem selbst das Schlimmste und Hässlichste der Welt noch irgendwie aufgehoben ist. Gerade dieses »Letzte« jedoch bleibt dem Begreifen des Menschen entzogen.

Die Religionen haben verschiedene »Sprachen« und Symbole entwickelt, um das absolut Unanschauliche zu veranschaulichen. Sie haben Gleichnisse des Unvergleichbaren und Beweisklimmzüge des Unbeweisbaren geschaffen. Demgegenüber greift Viktor E. Frankl ein altes, philosophisches Argument auf, welches besagt, dass die Sehnsucht das Ersehnte voraussetzt. »Am Grunde unseres Seins liegt eine Sehnsucht, die dermaßen unstillbar ist, dass sie gar nichts anderes meinen kann als Gott« (Frankl). Der Durst ist ein Beweis für die Existenz von Wasser, das Auge ein Beweis für die Existenz von Sonne, der »Wille zum Sinn« ein Beweis für die Existenz von Sinn.

Das Geliebte kommt vor dem Lieben. Analog könnte in Anlehnung an das geflügelte Descartes-Wort vom »Cogito, ergo sum« gelten: »Amo (deum), ergo (deus) est«. Wenn unzählige Menschen aller Völker und Kulturen seit Menschengedenken Gott lieben, dann *ist* Gott.[10] Auch wenn es um den letzten Sinn des Ganzen geht, ist die Liebe »die größte«, nämlich das größte und stärkste Argument ...

Psychotherapie und Theologie sind zwei Disziplinen, die aneinander angrenzen. Die Demarkationslinie zwischen ihnen wird vom Zeitfluss gebildet, der Vergängliches, mit dem sich die Psychotherapie befasst, von Ewigem, über das die Theologie kündet, scheidet. Viktor E. Frankl kommt, wie eingangs erwähnt, das Verdienst zu, dass er sich als Wissenschaftler nicht gescheut hat, eine Brücke zwischen beiden Disziplinen zu bauen und seine Logotherapie zwar eindeutig im Bereich der Psychotherapie, aber eng am Ufer des Flusses anzusiedeln, gerade dort, wo die Brückenpfeiler stehen, die den Bogen nach »hinüber« tragen.

Wie richtig er damit handelt, bestätigen neuere Forschungen von Reinhard Tausch (Professor für Psychologie an der Universität Hamburg), der u.a. schreibt:

*Ein Überblick über 200 meist amerikanische Untersuchungen führt zu der Annahme, Menschen mit der Vorstellung eines liebenden, fürsorglichen Gottes, bei eher verinnerlichter Gläubigkeit, und Personen mit deutlich spirituellen Lebensauffassungen*
- *spüren mehr Sinn im Leben, mehr Lebenszufriedenheit, mehr Hoffnung, weniger Demoralisierung*
- *sind hilfreicher gegenüber anderen, beteiligen sich mehr an Hilfsaktionen, haben weniger Vorurteile*
- *bleiben seelisch gesünder, bewältigen Krisen besser, gebrauchen weniger Nikotin, Alkohol und Drogen*
- *haben weniger voreheliche / außereheliche Beziehungen, sind dankbarer und vergeben leichter*
- *werden seltener kriminell im Vergleich zu Personen ohne religiöse Auffassung.*[11]

Durch diese Ergebnisse und eigene Erfahrungen mit Patienten ermutigt, möchte ich die von Viktor E. Frankl gebaute Brücke ein paar Schritte weit betreten, indem ich den Dekalog (die biblischen »Zehn Gebote«) einer logotherapeutischen Deutung zuführe. Dass ich mich als Nichttheologin damit berechtigter Kritik aussetze, ist mir bewusst. Andererseits könnte die Deutung ein neues Verständnis erzeugen in einer Zeit, in der viele Menschen zu esoterischen Illusionen Zuflucht nehmen, weil die Leerformeln einer erstarrten Tradition nicht mehr tragen. Der Dekalog jedoch ist nicht leer: Betrachtet durch die Brille einer modernen Psychohygienekunde ist er sogar übervoll an Orientierungshilfen zu einem gesunden und glückenden Leben. Insbesondere das 4. Gebot scheint mir ein Eckpfeiler zur Erringung seelischer Stabilität und persönlicher Reife zu sein, weswegen ich mich ihm ausführlicher widmen möchte.

## DER DEKALOG IN LOGOTHERAPEUTISCHER ÜBERSETZUNG

**1. Gebot:** *Du sollst den Bezug zur Transzendenz nicht verlieren.*

**2. Gebot:** *Du sollst dir deine Empfänglichkeit für Werte erhalten.*

**3. Gebot:** *Du sollst zeitweise innehalten zur Zwiesprache mit deinem Gewissen.*

**4. Gebot:** *Du sollst deinen Eltern die Fehler, die sie an dir begangen haben, verzeihen.*

**5. Gebot:** *Die sollst die Sinnhaftigkeit des Lebens bedingungslos bejahen.*

**6. Gebot:** *Du sollst die Lust als Nebenwirkung eines Aktes der Liebe geschehen lassen.*

**7. Gebot:** *Du sollst nur an dich und auf dich nehmen, was für dich gemeint ist.*

**8. Gebot:** *Du sollst das zwischenmenschliche Leid in der Welt nicht vermehren.*

**9. Gebot:** *Du sollst die Zusammengehörigkeit der Familie achten und bewahren.*

**10. Gebot:** *Du sollst nicht ein Haben intendieren, sondern ein Sein.*

### Zum 1. Gebot

*Du sollst den Bezug zur Transzendenz nicht verlieren.*

Viktor E. Frankl hat darauf aufmerksam gemacht, dass man nicht glauben wollen kann. Der Glaube ist ein intentionaler Akt, der sich selber und seinerseits nicht intendieren lässt. Das heißt, entweder glaubt man an etwas, oder man glaubt nicht daran, aber jedenfalls kann man nicht auf Willensbefehl hin glauben.

Ein Bezug zu etwas hingegen lässt sich willentlich pflegen, fördern und aufrechterhalten. Ein »urtümlich« bestehender Bezug braucht nicht verloren zu gehen. Mit Bezug meine ich allerdings nicht Vollzug. Ich bin keine Anhängerin der These, dass der Glaubensvollzug wichtiger sei als der Glaubensinhalt. Glauben vollzieht sich, wenn, dann nur angesichts eines glaub-würdigen Inhalts! Doch ob ein Inhalt glaub-würdig ist oder nicht, erhellt sich wiederum einzig im Rahmen eines noch bestehenden Bezugs zu diesem Inhalt.

Das 1. Gebot besagt daher aus logotherapeutischer Sicht, dass der Mensch das Seine dazu beitragen kann und soll, seinen ihm eingeborenen Bezug zur Transzendenz nicht zu verlieren, um dem intentionalen Phänomen des Glaubens eine Chance zu geben, sich gleichsam von selbst und »unwollbar« zu vollziehen.

## Zum 2. Gebot

*Du sollst dir deine Empfänglichkeit für Werte erhalten.*

Der Name Gottes ist unaussprechlich und unbenennbar. Man kann sich nicht nur kein Bild, sondern auch keinen Namen von Gott machen. Für uns Menschen ist es jedoch schwierig, Namenloses zu verehren. Die Lösung scheint darin zu liegen, sich die Ehrfurcht vor dem Sein schlechthin zu bewahren, vor der Wertfülle des Seins: vor der Natur, vor den Dingen, Pflanzen, Tieren und Menschen. Damit will ich keinem Pantheismus huldigen, der das Gefühl für das Sakrale sozusagen unverdichtet verteilt. Der Satz von Viktor E. Frankl, dass sich kein Fluss je sein eigenes Kraftwerk gebaut habe[12] (womit Frankl das Triebhafte im Menschen gegenüber dem Geistigen in die Schranken weisen will), ist übertragbar auf den gesamten Seinsstrom der Welt, der sich auch nicht Verlauf und Struktur selbst gegeben haben kann.

Was ich damit andeuten will, ist, dass der Beschauer, der mit Staunen und Andacht vor den gewaltigen Fluten steht, die das Kraftwerk bewegt, eher geneigt sein wird, sein Knie vor jenem namenlosen und unsichtbaren Konstrukteur des Kraftwerks zu beugen, der nicht anders als personal gedacht werden kann.

## Zum 3. Gebot

*Du sollst zeitweise innehalten zur Zwiesprache
mit deinem Gewissen.*

Viktor E. Frankl hat das Gewissen – im Abstand von mehr als 10 Jahren – unterschiedlich definiert. Ursprünglich definierte er es als »das Organ, das abhört die Stimme der Transzendenz«[13]. Später definierte er es als »das Organ, das herausfinden kann den einzigartigen Sinn einer einmaligen Lebenssituation«[14]. Wer den Sinnbegriff in der Logotherapie kennt, weiß, dass der Unterschied zwischen beiden Definitionen gering ist, da es sich stets um etwas Transsubjektives handelt, das von einem subjektiven Gewissen bloß abgehört oder herausgefunden werden kann.

Dieser Vorgang des Abhörens oder Herausfindens bedarf nun besinnlicher Stunden, einer meditativen Pause, einer Zeitpassage an Einkehr und Stille. Ohne eine solche gelegentliche Abschirmung gegen Außengeräusche würde unser »Sinn-Organ« allmählich verkümmern. Im Getöse des Alltags würde sich seine Hörfähigkeit einschränken und in der Betriebsamkeit der Arbeit würde es seine Fahndungsfähigkeit einbüßen, kurz, vor lauter subjektiv Wichtigem würde das transsubjektiv Wesentliche an Präsenz verlieren.

Die Folgen im metaklinischen Sinne will ich nicht erspekulieren, denn es genügen die Folgen im klinischen Sinne. Sie enden mit dem Zusammenbruch des Organismus, was auch die leistungsgeblendete Industriegesellschaft inzwischen entdeckt hat und mit künstlichen Entspannungsmethoden aller Art zu kompensieren versucht. Einfacher und natürlicher wäre es, zum »Tag des Herrn« zurückzukehren; zum Tag, an dem der Organismus ruht bis auf ein Organ – das Gewissen.

## *Zum 4. Gebot*

*Du sollst deinen Eltern die Fehler, die sie an dir begangen haben, verzeihen.*

Die Tiefenpsychologie geht von einer Grundsatz-Idee aus, die in etwa lautet: Wenn die Eltern ihre Kinder »ehren« (in modernem Wortlaut: pädagogisch richtig erziehen, liebevoll auf ihre Bedürfnisse eingehen), dann ergeht es den Kindern wohl (in modernem Wortlaut: sie erleiden keine Traumata, die sie verdrängen müssten, entwickeln keine Neurosen oder Depressionen) und sie leben lange (in modernem Wortlaut: sie sind gegen psychosomatische Beschwerden gefeit). Ähnlich leuchtet uns die Umkehridee ein. Wenn die erwachsenen Kinder ihre Eltern »ehren« (in modernem Wortlaut: sie nicht bekämpfen, nicht ignorieren, stattdessen öfters besuchen und im Bedarfsfall unterstützen), dann ergeht es den Eltern wohl und sie leben lange (in modernem Wortlaut: sie überwinden Midlifecrisis, Leere-Nest-Syndrom, Pensionierungsschock und Alterssiechtum besser). Aus dieser Überlegung heraus wird das 4. Gebot des Dekalogs zumeist (miss)verstanden als seinerzeitige Altersvorsorge – in einer Zeit, in der es weder eine Rentenkasse noch eine Pflegeversicherung gegeben hat.

Im Unterschied dazu ist uns die echte Wenn-dann-Relation des 4. Gebotes merkwürdig fremd geworden. Wenn die Kinder ihre Eltern ehren, achten und lieben, dann geht es – den Kindern gut. Den *Kindern*, nicht den »geehrten« Eltern! Ein logischer Widerspruch? Oder eine in Vergessenheit geratene, weise Erkenntnis? Und wenn, wie wäre sie vereinbar mit den Ergebnissen aktueller Psychotherapieforschung?

Ich bin dieser Frage nachgegangen und fand eine verblüffende Vereinbarkeit des uralten Spruchs in seiner echten Bedeutung mit statistischen Datenerhebungen am psychotherapeutischen Krankengut des 20. Jahrhunderts. Eine Bewahrheitung, die sich allerdings nur enthüllt, wenn man die Gegebenheiten aus »höhenpsychologischer«[15] statt tiefenpsychologischer Perspektive betrachtet. Dazu Folgendes:

Seelisch kranke Menschen wandeln zu einem erschreckend hohen Prozentsatz mit Wut, Hader, Vorwürfen und Anklagen gegen ihre Eltern durchs Leben. In dem Vierteljahrhundert psychotherapeutischer Praxis, in dem ich den großen und kleinen Tragödien von mehreren Tausend Patienten gelauscht habe, um ihnen, wenn irgend möglich, mit dem Ansatz der Logotherapie weiterzuhelfen, kommentierten 9 von 10 Patienten ihre Eltern kritisch. Kolleginnen und Kollegen meines Fachgebietes machten von jeher dieselbe Beobachtung. Daraus wurde bislang der Schluss gezogen, dass die Eltern der Kranken in der Erziehung eben so vieles falsch gemacht hätten, dass ihre Kinder daran seelisch erkrankt seien. Aber es lässt sich auch eine differente Schlussfolgerung daraus ziehen, nämlich die, dass seelisch kranke Menschen mit überragender Häufigkeit Personen sind, die ihre Eltern ablehnen, ihnen die Fehler, die sie (wie alle Eltern mehr oder weniger) begangen haben, nicht verzeihen und ihnen grundsätzlich die Schuld für eigene Versagungen und Versäumnisse in die Schuhe schieben. Dass sie ihre Eltern nicht »ehren«, und dass es ihnen gleichzeitig nicht wohl ergeht auf Erden ...

### *Einschub*

An dieser Stelle sollen zwei Gesichtspunkte eingeflochten werden, die die logotherapeutische Übersetzung des 4. Gebots hervorragend untermauern.

*a) Die Verabschiedungskraft der Vergebung*

Das Leben ist ein ständiges Fortschreiten, von Stunde zu Stunde und von Lebensabschnitt zu Lebensabschnitt, und in einem damit ein ständiges Sich-verabschieden-Müssen, um der nächsten Stunde oder dem nächsten Lebensabschnitt voll zu gehören. Wer in das jeweils Gegenwärtige rückwärtsgewandt eintritt, ist in seiner seelischen und körperlichen Energetik gehemmt und erstarrt alsbald wie Lots Frau. Abschiede müssen somit kontinuierlich geleistet werden und nicht nur zum Lebenende hin. Aber man kann sich – wovon auch immer – einzig und allein im Guten verabschieden oder gar nicht. Was nicht befriedet ist, kommt nicht zur Ruhe. Es wird durch die Gegenwart hindurchgeschleppt wie eine schwere Last und vergiftet auch noch die Zukunft. Es ist »ständig da«, hängt gleichsam in der Luft und gibt den Menschen nicht frei zu seinem Eigentlichen. Insbesondere familiäre Fehden, Konflikte und Streitigkeiten hängen ihm wie schwere Gewichte an den Beinen und verunmöglichen das Vorankommen in eigener Sache.

Was hier hilft, ist kein fortwährendes Nachgrübeln, wer wann wen als Erste(r) gekränkt hat. Die Urwurzeln des Hasses sind zu verästelt, um aus dem Boden der Geschichte ausgegraben zu werden. Und könnten sie in komplizierten Analysen ans Tageslicht geholt werden, wären sie trotzdem noch wirkmächtig. Es hilft auch kein Hin- und Herrechnen, wer wem wieviel schuldig geblieben ist, oder wer durch wen wie geworden ist. Lieblosigkeit kann im Prinzip mit den lieblosen Taten anderer nicht gerechtfertigt werden, und wer dies versucht, betrügt bloß sich selbst. Nein, was hier hilft, ist viel einfacher und großartiger: die *Vergebung*. Wobei »einfach« in diesem Zusammenhang nicht »leicht« meint, höchstens »schlagartig erleichternd«. Denn wird mit Herzensbeteiligung und ehrlichem Willen vergeben, ist ein Schlussstrich gezogen und eine ganze Lebensepoche vom Geränk des Hasses gesäubert. Endlich kann Abschied von ihr gefeiert werden, kann unbelastet auf eigenem Weg fortgeschritten werden. Die von den Beinen losgesprengten Gewichte sinken zurück in die Bedeutungslosigkeit, aus der sie sich einst aufgebläht haben.

Wen wundert es unter diesem Aspekt, dass seelisch kranke Menschen in der Mehrzahl gehemmte, stecken gebliebene, infantile, aus ihrer Kindheit oder früheren Phasen nicht verabschiedete Menschen sind? Es ist nicht ihr Hauptproblem, dass sie eine solche Menge (von ihnen Angetanem) zu vergeben hätten, sondern dass sie niemandem (vor allem nicht ihren leiblichen Erzeugern) zu vergeben bereit sind!

*b) Alle Entscheidung ist Selbstentscheidung*

Ein altes Bibelwort lautet: »Nicht was zum Munde eingeht, macht unrein, sondern was vom Munde ausgeht ...« In psychologischer Übersetzung würden wir sagen: »Nicht was über einen Menschen entschieden wird, sondern was *von ihm* entschieden wird, entscheidet über seine Identität.« Ein Mensch, der geliebt wird, kann – deswegen oder trotzdem – alles sein, was er will. Ein Mensch, der liebt, ist ein Liebender. Ein Mensch, der gehasst wird, kann auch noch alles sein, was er will. Aber ein Mensch, der hasst, ist unweigerlich ein Hassender. Bei einem Patientengespräch sagte einmal ein Mann zu mir: »Meine Mutter lebt im selben Wohnhaus wie meine Familie und ich, aber völlig abgetrennt von uns. Wir brauchen sie nicht zu sehen.« »Wollen Sie sie denn nicht sehen?« fragte ich zurück. »Ach, wissen Sie,« antwortete er, »ich mag meine Mutter nicht. Sie hat früher, als sie noch rüstig und meine Frau berufstätig war, für unsere Kinder gesorgt, für uns gekocht, gewaschen und gebügelt. Wenn sie jetzt keuchend über die Treppe humpelt, macht sie mir Schuldgefühle«.

Arme Mutter? Keineswegs! Armer Mann! Er formt sich zu einem undankbaren Sohn. Er beschädigt seine Identität! Er braucht seiner Mutter nicht zu begegnen, um dies zu spüren; ein Blick in den Gewissensspiegel genügt. Wie wird er einmal dastehen, nicht nur an ihrem Grab, sondern auch vor sich selbst? Als einer, der seine Mutter im Alter im Stich gelassen hat. Und wie wird seine Mutter dastehen? Als eine, die geliebt, geholfen, gedient hat. Die ihre Kinder und Kindeskinder in der Bedrängnis nicht im Stich gelassen hat. Sie ist an Lebensernte reich gesegnet und kann mit ihrer Identität zufrieden sein. Das undankbare Verhalten des Sohnes vermag ihr nichts davon wegzunehmen, rein gar nichts.

Freilich gibt es auch Gegenbeispiele. Eltern, die zänkisch, nörglerisch, vereinnahmend, herrschsüchtig etc. sind. Trotzdem wird stets die Einstellung ihrer Kinder zu ihnen über deren eigenes Wohl mitentscheiden. Wenn die Kinder sich ducken, werden sie zu Duckmäusern, wenn sie Tyrannei zulassen, werden sie zu Tyrannenförderern, und wenn sie innerlich gefestigt und äußerlich barmherzig bleiben, werden sie zu stabilen und gütigen Menschen. Wieder könnte der Einwand laut werden, dass dies nicht leicht ist. Richtig. Genau deswegen bedeutet seelische Krankheit vielfach den Endpunkt eines leichten, allzu bequemen Weges, auf dem man jeder Herausforderung, Hürde und Verantwortung ausgewichen ist, ganz nach Art des vorhin genannten Patienten, der sogar vor einer

Treppenbegegnung mit seiner Mutter flüchtet, um sich Schuldgefühle zu ersparen. Und der psychotherapeutische Hilfe braucht, weil er mit sich und seiner Identität nicht zufrieden ist.

Welches Resümee lässt sich aus alledem ziehen? Als langjährig erfahrene Psychotherapeutin möchte ich behaupten, dass das 4. Gebot ein wahres Liebesgebot *für die Kinder* ist. Ihnen gilt es, den Kindern, der heranwachsenden Generation, der es gut gehen möge, die beschützt sein möge vor unnötigem Gram und Schmerz, und entbunden werden möge von den Hypotheken ihrer Herkunft. Das aber können die Kinder nur in einem »Doppelakt« erreichen, indem sie ihren Eltern aufrichtig für das danken, was sie im Erziehungsprozess von ihnen geschenkt bekommen haben, und ihnen mindestens so aufrichtig das vergeben, was dabei missglückt ist. Kaum ein anderer Oberbegriff kann beide Akte besser unter sich subsumieren als der Begriff des »Ehrens«, der in einer Dimension weit über dem simplen »Zurückzahlen« oder gar »Heimzahlen« angesiedelt ist. Wo Menschen dazu bereit sind, steht Eigenes und Neues offen, und manche traurige Erinnerung kann endgültig abgelegt werden, auf dass sich die Welt zeige, wie sie ist: vom Geist durchweht.

### Zum 5. Gebot

*Du sollst die Sinnhaftigkeit des Lebens bedingungslos bejahen.*

Es gibt eine Art von Verbrechen, die wie keine sonst »ans Herz greift«, und das ist die sinnlose Zerstörung. Sinnloser Vandalismus, sinnloser Mord. Spiegelbild eines als sinnlos erlebten Lebens. – Warum nicht zerstören? In einem als sinnlos erlebten Leben wird um keine Antwort auf diese Frage gewusst. Es ist das Leben, das aus dem Dialektwort »eh« heraus gelebt wird. Es ist *eh* alles egal, es geht *eh* alles zugrunde, es ist *eh* alles schlecht, man liegt *eh* im Dreck und es hilft einem *eh* keiner – warum also nicht zerstören? Warum nicht wenigstens den Schmerz über das *Eh*-Egale hinausheulen, hinaustreten in diese verfluchte Welt? Um sich treten, damit es ein paar Heulgenossen mehr sind, die der Welt ihre Absage erteilen? Freilich, es ist einfach, das Leben zu bejahen, solange es angenehm und gemütlich ist, wenn man »gut drauf« ist. Doch was kommt an dem Tag nach dem Glück? Genau genommen existieren für uns endliche Wesen in einer endlichen Welt nur zwei Alternativen. Entweder wir ringen uns zu der Überzeugung durch, dass das Leben einen bedingungslosen Sinn hat, den es unter keinen Umständen verliert – das Credo der Logotherapie -, oder es hat im Letzten *eh* alles keinen Sinn, dann aber lässt sich beim besten Willen kein wie immer gearteter Grund gegen die (Selbst-)Zerstörung konstruieren.

### *Zum 6. Gebot*

*Du sollst die Lust als Nebenwirkung eines Aktes der Liebe geschehen lassen.*

»Je mehr es einem um die Lust geht, desto mehr vergeht sie einem auch schon«, schreibt Viktor E. Frankl an wiederholter Stelle und weist mit dieser Pointe auf einen selbsttätigen Gerechtigkeitsmechanismus hin, der größtenteils unbemerkt im zwischenmenschlichen Bereich waltet. Wer einen Partner benützt, um Wärme, Geborgenheit, Eigenvorteile und Befriedigung für sich selbst herauszuschlagen, wird ihn mit hoher Wahrscheinlichkeit verlieren und nichts davon erhalten. Wer liebt, um widergeliebt zu werden, ist nun einmal kein Liebender. Wer hinter Anerkennung, Erfolg, Selbstverwirklichung und Selbstbestätigung herjagt, wird die Beute nicht erjagen. Ablehnung, Misserfolg und Selbstentfremdung sind ihm so gut wie sicher. Die Nebenwirkung, die zum Ziel erhoben wird, entpuppt sich als unerreichbares Ziel. Das Geschenk, auf das spekuliert wird, enthält sich dem Spekulanten vor.

Daher kann dem luststrebigen Menschen aller Zeit nur ein einziger Rat zu seiner Lust verhelfen: sich liebend zu verschenken und alles andere in Dankbarkeit geschehen zu lassen.

### Zum 7. Gebot

*Du sollst nur an dich und auf dich nehmen,*
*was für dich gemeint ist.*

Jeder Mensch ist wichtig, weil auf jeden Menschen eine bestimmte Aufgabe wartet. Und zwar nicht nur *eine* Aufgabe, sondern die fortlaufend wechselnde Aufgabe, das Bestmögliche aus seiner jeweiligen Lebenssituation zu gestalten. Dem Menschen ist das Amt eines »Cocreators« zugedacht, es ist ihm die Würde der Mitschöpfung verliehen.

Amt und Würde verlangen ihm allerdings ab, sorgfältig danach Ausschau zu halten, *was* jeweils auf ihn wartet, *was* ihm zugedacht ist, *was* für ihn gemeint ist. »Meaning is what is meant« – Sinn ist das Gemeinte, definiert Viktor E. Frankl. Eine fast metaphysische Definition. Das Gemeinte, was ist das? – Wenn ich im Urlaub im Liegestuhl am Strand liege, um mich zu sonnen, und plötzlich ein kleiner Junge weinend durch den Sand stolpert und nach seiner Mutter ruft, bin ich dann gemeint? Ist gemeint, dass ich aufstehen, zu ihm hingehen, ihn trösten und ihn zu seiner Mutter führen soll? Wenn er nur ein Spielchen treibt, wenn die Mutter in der Nähe sitzt und ein wachsames Auge auf ihn hat, bin ich nicht gemeint. Meine Einmischung wäre dann nicht sinnvoll. Doch wenn der Junge sich verirrt hat, und seine kleine Kinderseele sich im Kummer zusammenkrampft, dann bin ich gemeint. Auch wenn ich auf Urlaub bin, und das Kind nicht meines ist. Dann bin ich trotzdem gemeint.

Wer das Gefühl für dasjenige, was für ihn gemeint ist, entwickelt hat, der stiehlt nicht und der unterlässt nicht. Er drückt das Kind nicht an sich, das ihm nicht zukommt, aber er lässt das Kind auch nicht allein, das ihm zuläuft. Er nimmt die Münze nicht, die ihm nicht gehört, aber er schlägt die Hand des Freundes nicht aus, die ihm eine Münze reicht. Er lädt sich Aufgaben nicht auf, denen er nicht gewachsen ist, weil sie für andere Schultern gedacht sind, aber er schiebt Aufgaben auch nicht von sich ab, in die er hineinzuwachsen vermöchte wie vielleicht kein anderer.

Wer darum weiß, dass er ein »Gemeinter« ist, zwar nicht immer, aber immer wieder, der findet seine Aufgabe; die Aufgabe seines Lebens in ihren täglichen und stündlichen Teilaufgaben, aus denen sie sich zusammenfügt. Der findet heraus, warum es gut ist, dass er da ist.

## Zum 8. Gebot

*Du sollst das zwischenmenschliche Leid in der Welt nicht vermehren.*

Ob der seelisch kranke Mensch wirklich der in seiner Seele gekränkte Mensch ist, sei dahingestellt, obwohl es vielfach behauptet wird. In solcher Ausschließlichkeit dürfte es wissenschaftlich schwer zu belegen sein. Etwas Wahres ist jedoch daran: Kränkungen pflegen sich auf unheimliche Weise fortzupflanzen, sie springen geradezu wie ein Ball von einem zum anderen. Kaum hat einen Menschen eine Beleidigung oder Demütigung getroffen, arbeitet er bereits an seiner Revanche: Der Ball wird, sowie empfangen, weitergeschleudert. Bei diesem Tempo ist verständlich, dass der Ball oft seinen ursprünglichen Absender verfehlt, und die »Revanche-Beleidigung« bei einem gänzlich Unbeteiligten landet, der, wenn er ebenfalls auf Revanche schaltet, neue Kränkungen an neue Unbeteiligte ausstreut. Das zwischenmenschlich verursachte Leid scheint das erste funktionsfähige »Perpetuum mobile« der Welt zu sein.

Aber auch nur scheinbar, denn es ist möglich, den Ball, wenn er angeflogen kommt, zu fangen und zu halten. Aus-zu-halten. Die

Beleidigung, die Demütigung, die Kränkung auszuhalten, ohne sie weiterzugeben. Sich auf friedliche Art zu wehren, sich zu besprechen, sich zu versöhnen und dabei den Ball festzuhalten, damit das »perpetuum mobile« des gegenseitig verursachten Leides an einem seiner unübersehbar vielen Enden zum Stillstand gebracht wird. Nur wenige stillgelegte Enden könnten schon genügen, um den Hass und die Falschheit in ihrer automatischen Fortpflanzungstendenz erheblich einzuschränken und endlich das richtige Zeugnis abzulegen: das Zeugnis vom freien Menschen, der sogar noch frei ist, Böses mit Gutem zu vergelten.

### *Zum 9. Gebot*

*Du sollst die Zusammengehörigkeit der Familie achten und bewahren.*

Die Familie ist die Keimzelle menschlichen Lebens – und menschliches Leben ist verantwortete Existenz. Insofern ist die Familie die erste Begegnungsstätte eines heranwachsenden Menschen mit seiner Verantwortlichkeit, und ist seine Familie nicht intakt, fällt diese seine Begegnung dürftig aus. Das ist der Grund, warum wir in der Logotherapie in Anlehnung an das uralte Gebot ein »Prioritätskriterium« formulieren.[16] Das Prioritätskriterium besagt, dass jedermann frei ist, eine eigene Familie zu gründen oder nicht, dass aber derjenige, der eine Familie gegründet hat, an erster Stelle seine sinnvolle Funktion in der Familie zu erfüllen hat, und erst an zweiter Stelle andere sinnvolle Funktionen übernehmen soll.

Funktion ist nicht identisch mit Rolle. Es geht folglich nicht um die Mutter- oder Vater-, Gattin- oder Gattenrolle im traditionellen Gewand, sondern um die funktional unersetzliche Aufgabe einer bestimmten Mutter oder eines bestimmten Vaters, eines bestimmten Mannes oder einer bestimmten Frau in der bestimmten Situation, in der sie oder er gerade steht. Es geht um dasjenige, was not tut zur Erhaltung der Familie. Um die Bereitstellung der Zeit und Kraft, die einem im Namen der Familie abverlangt ist. Viele Werte gibt es, denen ein Mensch dienen kann: berufliche, künstlerische, meditative, sportliche, caritative usw. Sie alle bereichern menschliche Existenz. Dennoch würden sie an Sinn verlieren, würde ihre Erfüllung auf Kosten und zu Lasten jener Angehörigen gehen, deren Wohl einem mit anvertraut ist durch das Ja, das man einst zu ihnen gesprochen hat. Ein Ja, das endgültig sein muss, wenn es verantwortbar sein soll.

### Zum 10. Gebot

*Du sollst nicht ein Haben intendieren, sondern ein Sein.*

Jeder Mensch hat seinen eigenen Leitstern – das Bild seiner Hoffnung und Sehnsucht. Doch es hat auch jeder seine eigene Leitfrage, die ihn durchs Leben begleitet und in regelmäßigen Abständen am geistigen Horizont auflodert, ihn zur Antwort drängend. Stets sind es Momente des Stehenbleibens, manchmal auch des Strauchelns und Niederfallens, in denen die Leitfrage auflodert, mühsame Momente der Neuorientierung. Die Antwort, die man gibt, ist der eingeschlagene Weg, auf dem die Reise weitergeht.

Nun hängt die Antwort nicht zuletzt von der Frage ab, so, wie das Gefundene vom Gesuchten abhängt. Lautet die Frage: »Was hab' ich davon?«, wird die nachfolgende Antwort eine andere sein, als wenn die Frage lautet: »Was bin ich dann?« Bei Ersterer steht das Begehren irdischer Güter im Vordergrund, bei Zweiterer die Schau existentieller Güte.

Der Weg, der unter dem Habensaspekt abgewogen wird, zeigt sich von seiner vorteil- oder nachteilhaften Seite. Wenn er weich und bequem ist, ist er vorteilhaft. Wenn er hart und steil ist, ist er nachteilhaft. Wohin er führt, ist nicht gefragt. Der Weg hingegen, der unter dem Seinsaspekt abgewogen wird, offenbart seine Richtung. Offenbart, wer man sein wird, wenn man ihm folgt. Offenbart, wo man ankommen wird, wenn er zu Ende ist. Ob er ins Licht der Gipfelwelt führt oder sich im dämmrigen Tal im Kreis bewegt. »Im Tode hat der Mensch sein Leben nicht mehr, er ist sein Leben geworden«, schreibt Viktor E. Frankl. Das heißt, im Augenblick des Todes wird es irrelevant, ob ein Weg einst steil oder bequem, weich oder hart gewesen ist, aber wo er hingeführt hat, dort hat sich ein Mensch verewigt.

# Aus dem Paradies vertrieben

Betrachtungen zur Ur-Geschichte

## 1. Das Zeugnis Abels

Eine tiefenpsychologische Theorie besagt, dass alle Spione in ihrer Kindheit einen Verrat erlebt haben; dass sie von ihren Eltern irgendwie verraten worden sind, was sie zu Spionen hat werden lassen. Einst wurde ein Fernsehfilm gedreht, bei dem Spione zu Wort kamen. Prompt berichteten sie über frühkindliche Verratserlebnisse (oder es wurden auch nur solche Spione ausgewählt, die derlei zu berichten hatten). Der Film wurde ausgestrahlt, und die Zuschauer konnten sich der Schlussfolgerung nicht entziehen, dass an jedem Spionagefall der Welt die Eltern der Beteiligten die Schuld tragen.

Bei der oben genannten Theorie ist ein Urgewolltsein des Menschen, das vor jedem Von-den-Eltern-Gewolltsein schon vorhanden sein könnte, ausgeklammert. Die Eltern werden zu allmächtigen Figuren stilisiert, die über Liebe und Hass, Vertrauen und Verrat herrschen. Sie sitzen am Schaltbrett, wie der Programmierer vor seinem Computer, und schreiben ihren Kindern das Programm ins Blut.

Die Wirklichkeit dürfte um einiges komplizierter sein. Viele Menschen erleiden echte oder vermeintliche Verratserlebnisse in ihrer Kindheit. Später gliedern sie sich in zwei Gruppen: in die Gruppe derer, die verzeihen, und in die Gruppe derer, die nicht verzeihen. Aus der Gruppe der Nichtverzeihenden gehen u. a. Spione hervor, die ihrem Land und ihrem Volk schaden, weil sie, die sich schon einmal für das Negative (= für das Nichtverzeihen) entschieden haben, keine Hemmung haben, es ein zweites Mal zu tun.

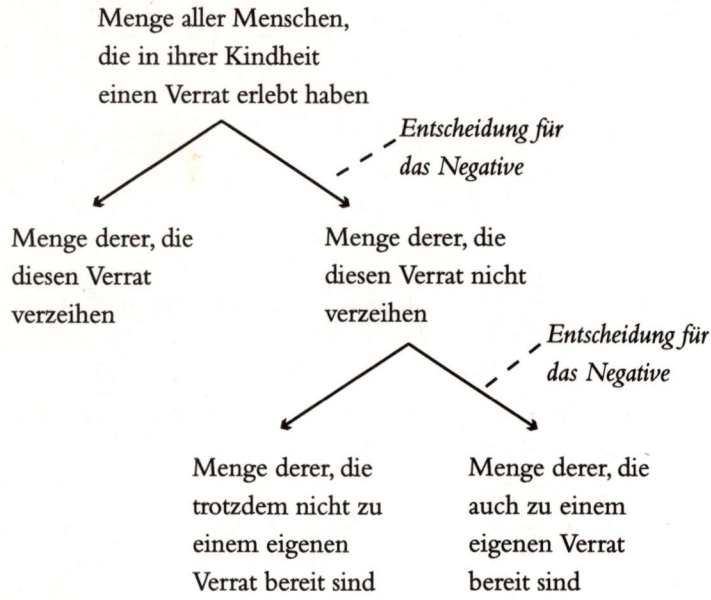

Der Film, der allein die Untergruppen rechts außen im Visier hatte, verkürzte die Darstellung zu folgender:

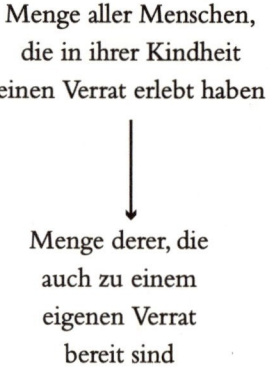

Die Elemente der »leistbaren« Entscheidung und der Verzeihung scheinen in der Verkürzung nicht mehr auf. Der Mensch wird unmündig gesprochen. Zur Erheiterung dazu ein Zeitungsartikel von Fred Huck, vom November 1990:

## KAIN ERSCHLUG ABEL – JETZT MORDPROZESS!

*»Und es begab sich, da sie auf dem Felde waren, erhob sich Kain wider seinen Bruder Abel und schlug ihn tot« (1. Mose 4, 8)*

*Venedig – im Dezember rollt der italienische Anwalt Domenico Caponi Schittar (50) den ersten Mordfall der Menschheitsgeschichte auf. Er glaubt, Kain, der erstgeborene Sohn von Adam und Eva, ist kein Mörder. Er will auf Freispruch plädieren.*

*Der Anwalt hat den Prozess vier Jahre vorbereitet. Er lädt ein ordentliches Schwurgericht – Richter, vier Geschworene, Staatsanwalt, dazu Theologen als Sachverständige ein.*

*Einem englischen Reporter verriet Schittar seine Strategie. Er wird vorbringen, dass Kain aus einem zerrütteten Elternhaus stammt. Seine charakterschwache Mutter Eva hat schließlich den Sündenfall begangen.*

*Kain sei allein in einem Garten aufgewachsen, dessen paradiesische Zustände schnell vergingen. Er sei außerdem zur Tatzeit nicht zurechnungsfähig gewesen, weil bei der Opferfeier getrunken wurde.*

*Ein wichtiger Punkt in der Verteidigung: Auslöser des Verbrechens seien Klimaschwankungen gewesen. Abel, ein Nomade, habe für seine Schafherde keine Weideplätze mehr gefunden. Er habe in das von dem Bauern Kain kultivierte Land ziehen müssen – eine Provokation für Kain, meint sein Anwalt.*

*Schittar führt außerdem an, dass es damals eine natürliche Eifersucht zwischen Viehzüchtern und Bauern gab. Die Gesellschaft habe sogar gewisse Formen des Totschlags toleriert. Das Drama, in der Bibel nur sehr undeutlich beschrieben, soll im Gebiet des heutigen Indien oder im Irak stattgefunden haben.*

Der Artikel ist nicht nur erheiternd, er ist auch charakteristisch für die in unserer Zeit sehr verbreitete »Spion-Denkweise«. Der arme Kain, der aus einem zerrütteten Elternhaus stammt, der nicht zurechnungsfähig ist, weil er säuft, der von Klimaschwankungen und soziokulturellen Umwälzungen zum Mörder gemacht wird ... Für Abel gilt das alles nicht!

Sollten wir nicht beginnen, wieder der Wahrheit über Abel ins Gesicht zu sehen? Das Vermächtnis zu verstehen, das Abel der Menschheit hinterlassen hat? Nämlich, dass es *möglich* ist, anständig zu sein und zu bleiben, auch wenn man aus einem zerrütteten Elternhaus stammt, wenn die Versuchung (des Weines) lockt und wenn dies die äußeren Bedingungen erschweren. Selbst wenn man dafür Leid und Tod erntet. Diese Möglichkeit ist unser kostbarstes Gut, das Dokument unserer Menschenwürde. Denn man bedenke: »Freigesprochen« waren beide: Abel und Kain, »freigesprochen« von Gott. Und eben dieser Freispruch – der gewährte Grad der Freiheit – war es, der ihnen die Möglichkeit gab, friedlicher Hirt oder Brudermörder zu werden, aus eigener Wahl und Verantwortung. Niemand kann uns Freigesprochene mehr freisprechen, kein Gericht dieser Welt. Wir sind frei. Oder mit Frankls Worten: Die Freiheit »hat« man nicht – wie irgendetwas, das man auch verlieren könnte –, sondern die Freiheit »bin ich«.[17]

## 2. Der Baum der Erkenntnis

Die Legende vom Sündenfall gilt gemeinhin als Bericht über die erste »sinnwidrige Handlung« auf Erden. Es ist die Geschichte vom Schuldig- und Verstoßenwerden des Menschen. Doch diese Geschichte kann viel hoffnungsvoller gelesen werden: als Saga über ein divines Offert an höhere Lebewesen, die Schwelle zum Spezifisch-Humanen zu überschreiten.

Wie begründe ich diese gewagte Behauptung? Beginnen wir mit einer bedenkenswerten Frage: »Kann eine falsche Entscheidung getroffen werden, *bevor* erkannt wird, was richtig und was falsch ist?«

Nach logotherapeutischem Verständnis setzt Schuldigwerden zweierlei voraus: Entscheidungsfreiheit und Sinnerkenntnis. Schuld ist dann die in Freiheit gewählte Handlung wider den erkannten Sinn. Sollte jemand zum Zeitpunkt seiner Handlung keine Wahl haben, oder sollte er nicht zu erkennen vermögen, was sinnvoll ist, könnte er auch nicht schuldig werden. Zwei Beispiele dazu:

*Beispiel 1:* Ein Unglücklicher springt direkt vor einen herannahenden Zug, und der Lokomotivführer, der nicht mehr bremsen kann, überfährt ihn. – Hat sich der Lokomotivführer schuldig gemacht? Nein, denn er besaß in Bezug auf eine Rettung des Unglücklichen keinerlei Entscheidungsfreiheit. Ein Anhalten oder Ausweichen des Zuges wäre nicht möglich gewesen.

*Beispiel 2:* Ein Kind findet eine Flasche mit weißlicher Flüssigkeit in der Küche, hält den Inhalt für Milch und träufelt ihn, die Mutter nachahmend, dem Baby in den Mund. Da es sich um ein scharfes Reinigungsmittel handelt, erkrankt das Baby und muss auf die Intensivstation gebracht werden. – Ist das Kind an seinem Geschwister schuldig geworden? Wiederum ist zwar von einem tragischen Unfall zu sprechen, nicht aber von einer Schuld des Kindes. Obwohl es über Wahlmöglichkeiten verfügt hat, hat es dennoch keine Kenntnis über die Gefährlichkeit und damit Sinnwidrigkeit seines gewählten Handelns gehabt.

Allgemein lässt sich sagen, dass die Schuldfähigkeit eines Wesens von dessen prinzipieller Entscheidungsfreiheit und Sinnerkenntnis abhängt und sonach ein humanes Spezifikum darstellt, das Tieren und Pflanzen fehlt, wohingegen ein menschliches Kind es zumindest potentiell – je nach Entwicklungsstand – bereits in sich trägt.

*Entscheidungsfreiheit*
(= man hat Wahlmöglichkeiten)

↓

*Sinnerkenntnis*
(= man erkennt die sinnvollen unter den Wahlmöglichkeiten)

↓

*Möglichkeit des Schuldigwerdens*
(= man verwirklicht sinnwidrige unter den Wahlmöglichkeiten)

Lesen wir die Legende vom Sündenfall auf dem Hintergrund dieser Argumente. Was erfahren wir über die »Hauptakteure« der Geschichte? Ohne Zweifel waren sie freie Wesen, quasi die ersten »Freigelassenen« der Schöpfung. Denn ein Gebot oder Verbot richtet sich stets an jemanden, der einer Entscheidung mächtig ist. Den Steinen oder den Regenwürmern wird man keine Verbote auferlegen. »Von allen Bäumen dürft Ihr essen, nur von diesem nicht ...« heißt im Klartext: »Ihr *könnt* Euch (frei) entscheiden, aber Ihr sollt Euch (ebenfalls frei) auf diese und jene Weise entscheiden ...«

Kommen wir zur nächsten Überlegung. Konnten die ersten »Freigelassenen« auch erkennen, ob es sinnvoll war, dem Gebot zu folgen bzw. das Verbot zu respektieren? Eigentlich nicht, denn sie hatten noch nicht vom Baum der Erkenntnis gegessen!

Zur Komplizierung der Sachlage kroch überdies die Schlange heran und riet zum Verzehr des Apfels, wodurch zwei unterschiedliche Aussagen im Raum standen: »Wenn Ihr davon esst, müsst Ihr sterben« – »Wenn Ihr davon esst, werdet Ihr sein wie Gott«. Zwei Aussagen und noch keine Differenzierungsfähigkeit zwischen gut und böse, zwischen richtig und falsch. Lässt sich unter diesen Umständen aus der Wahl des Apfelessens eine Schuld ableiten? Kann wider den Sinn gehandelt werden, wenn vom Sinn nicht gewusst wird? Theologisch wird wohl argumentiert, Adam und Eva hätten Gott blindlings (= ohne Sinnerkenntnis) vertrauen und gehorchen sollen. Aber ohne Sinnerkenntnis lässt sich auch der Sinn eines blinden Vertrauens und absoluten Gehorsams nicht begreifen, was die Antwort zur Frage zurückbiegt.

Angesichts dieser unbeantworteten Frage möchte ich eine unübliche Auslegung der alten Legende versuchen:

*Zuerst gab es im Paradies (= in der Natur) Pflanzen und Tiere. Sie lebten in paradiesischer Unschuld (= jenseits von gut und böse, wie heute noch) und wussten nichts vom Tod (= von der Vergänglichkeit des Lebens, wie ebenfalls heute noch). Später bekam eine Tiergattung ein göttliches Geschenk: Es wurde ihr der Geist eingehaucht (= die Milliardenzahl der Neuronen im Gehirn stieg sprunghaft an, was Geistiges ermöglichte). Da der Geist aber per definitionem das »Freie« ist, das zu allem und jedem Stellung nehmen und es schöpferisch ausgestalten kann, wurde besagte Tiergattung »freigelassen« und erhielt etwas noch nie Dagewesenes: die Wahl.*

*Jetzt konnte sie wählen, insbesondere wählen, weiterhin wie ein Tier zu leben (= im Paradies zu bleiben) oder sich zum Menschen weiterzuentwickeln (= vom Baum der Erkenntnis zu essen). Vor die Wahl gestellt, fand sie sich auch vor die Konsequenzen der Wahl gestellt. Denn die Sinnerkenntnis und in einem mit ihr die Weiterentwicklung zum Menschen waren nur zu haben um den Preis des Verlustes der (tierischen) Unschuld und des Gewinns des (wenig erbaulichen) Wissens um den eigenen Tod.*

Spinnen wir den Faden ein wenig weiter.

*Die »freigelassenen« Wesen jener Zeit hatten noch keine Orientierungsmaßstäbe (= kein »Sinn-Organ« Gewissen in Frankl'scher Diktion) außer einem: der Geist, der ihnen eingehaucht war, der Geist, der Ebenbild war eines unvorstellbaren Geistes. Zu diesem Unvorstellbaren, zu ihrem Vor-Bild, dessen Eben-Bild sie in sich trugen, zog es sie von Anbeginn an hin (»Ihr werdet sein wie Gott«). Deshalb wählten jene Geschöpfe, die erstmals wählen konnten, ihre eigene Weiterentwicklung zum Menschen; sie wählten* die Erklimmung der nächsthöheren Seinsstufe (= aßen den Apfel) in der vielleicht unbewussten und falschen Hoffnung, dass es genüge, nicht mehr Tier zu sein, um Gott zu gleichen.

*Was folgte, war unvermeidliche Konsequenz. Als sich zur Entscheidungsfreiheit, die sie bereits besessen hatten, die Sinnerkenntnis dazugesellte (= die Hellhörigkeit des Gewissens schärfte), senkte sich die Bürde der Verantwortlichkeit auf ihre Schultern, und es trat die Schuldfähigkeit in ihr Leben. Jetzt konnten sie schuldig werden, und nicht nur sie, sondern auch ihre Nachkommen (=» Erbschuld«), denn sie konnten und können sich ja seit jener Zeit wider den Sinn entscheiden. Kain hat es sozusagen gleich ausprobiert ...*

*Aber nicht nur aus dem »Paradies der Unschuld«, auch aus dem »Paradies der Unwissenheit« wurden sie vertrieben. Mit der Weiterentwicklung zum Menschen kam unweigerlich das Wissen um den Tod und um die eigene Vergänglichkeit (»Wenn Ihr davon esst, müsst Ihr sterben«). Damit senkte sich eine zweite Bürde auf die Schultern der »Vertriebenen«: die Last, den Sinn des Lebens definieren und das Leben akzeptieren zu müssen im Licht seiner Endlichkeit. Was dies bedeutet, zeigt sich daran, dass die ersten »Menschheitszeichen« überall auf Erden Grabfunde sind: was auf eine intensive geistige Auseinandersetzung mit dem Tod von Anfang an hinweist.*

So möchte ich meine unübliche Auslegung zusammenfassend folgendermaßen abrunden:

*Wir haben vom Baum der Erkenntnis gegessen, wir sind nicht nur freie, sondern auch verantwortliche Menschen geworden. Gott hat es uns – nicht ohne Warnung – angeboten, wir haben es gewählt. Jetzt tragen wir es – das Grandiose und das Abgründige des Menschseins. Gewählt haben wir es vielleicht aus einer (falschen) Hoffnung heraus. Mag sein, dass die Hoffnung (in einer revidierten Form) immer noch da ist. Die Hoffnung nämlich, dass der Geist, der uns eingehaucht worden ist, nach unserem irdischen Tod zurückkehrt zu dem, der ihn eingehaucht hat. Dorthin, wo Schuld der Vergebung anheimfällt, und wo Vergänglichkeit überwunden ist. Dorthin, wo alles Gute bleibt, und die negativen Konsequenzen unserer Wahl null und nichtig sind.*

## 3. Hat das Wollen Vorrang?

Ein mit mir befreundeter Theologe sagte in Hinblick auf meine unübliche Auslegung des Sündenfalls: »Es gibt eine lange Tradition, die dem Wissen und der Erkenntnis den Vorzug einräumt, und eine ebenso lange Tradition, die dem Wollen den Vorrang zuspricht.« Anschließend erklärte er, dass meine Position auf der Erkenntnistradition beruhe, während genauso denkbar sei, dass Schuld einfach in einem Nicht-Wollen und Sich-Verweigern gründet, bei dem der Eigenwille des einen die Beziehung zum anderen opfert. Dagegen ist jedoch einzuwenden, dass ein Sich-Verweigern, für sich genommen, noch keine Wertigkeit hat, auch keine negative. Die bekommt es erst durch den Sinnzusammenhang. Wenn ich mich beispielsweise weigere, bei einem Ehebruch mitzumachen oder mich an einem Versicherungsbetrug zu beteiligen, ist das ein durchaus ehrenvolles Mich-Verweigern. Natürlich wird es immer darauf ankommen, wem und wessen Geboten gegenüber man sich verweigert, und bei der Sündenfallgeschichte geht es um des Höchsten Gebot. Allein, *dass* es darum geht, setzt schon wieder Sinnerkenntnis voraus, sogar die Vision eines höchsten und letzten Sinns oder zumindest dessen allwaltender Gesetze.

Zur Frage nach einer Vorrangposition des Wollens möchte ich auf den mir vertrauteren Boden der Psychologie zurückkehren. Dort ist die »Freiheit zu wählen« zwar eine sehr frühe Errungenschaft, bei Adam und Eva genauso wie in der Entwicklung eines jeden Kindes (also phylogenetisch wie ontogenetisch!), doch hat es mit dem »Wollen des Gewählten« eine merkwürdige Bewandtnis. Fast könnte man denken, es gäbe zwei Arten des Wollens: ein blandes Wünschen und ein zielgerichtetes Streben. Ersteres dürfte man gar nicht Wollen nennen, aber viele Patienten aus der psychotherapeutischen Praxis tun es, was zu den seltsamsten Verwicklungen und Missverständnissen in ihrem Leben führt. Hier eine Auflistung von vier häufigen Varianten jenes Wollens, das kein Wollen ist:

## VARIANTE I

*Ein Fabrikarbeiter hat die Möglichkeit, beruflich aufzusteigen und Karriere zu machen. Er müsste dazu einen zweijährigen Abendkurs besuchen und sich an den Wochenenden in den Lernstoff vertiefen, um die erforderlichen Prüfungen zu bestehen. Natürlich kann er auch Fabrikarbeiter bleiben, damit zufrieden sein und seine Freizeit nach Lust und Laune verbringen.*

*Befragt, welche der beiden Alternativen er bevorzuge, antwortet er, er wolle Karriere machen. Nach einigen Monaten befragt, ob er inzwischen den Abendkurs besuche, antwortet er, er habe sich noch nicht zur Anmeldung aufraffen können.*

Dieses Muster ist verbreitet. Im Grunde wird gar nicht zwischen realistischen Alternativen gewählt, sondern zwischen Realität und Wunsch, wobei der Wunsch bevorzugt wird, aber die Realität am Ende siegt. Im Beispiel hat der Fabrikarbeiter seine Alternativen folgendermaßen verkürzt definiert:

a) Fabrikarbeiter bleiben      b) Karriere machen

Zwischen a) und b) wählte er b), das heißt, er täuschte sich vor, Karriere machen zu wollen. Hätte er die Alternativen realistisch definiert, hätten sie folgendermaßen aussehen müssen:

a) Fabrikarbeiter bleiben und gemütliche Fernsehabende haben, am Wochenende Sport treiben können, etc.

b) Karriere machen und täglich bis in die Nacht hinein studieren, außerdem verplante Wochenenden, etc.

Mit Blick auf die realistischen Alternativen hätte er vielleicht von vornherein ehrlich bekannt, dass er a) wählen will, was bei ihm und seiner Mitwelt keine falschen Erwartungen geweckt hätte. Ihn darüber aufzuklären, dass sein Karriere-machen-Wollen kein Wollen ist, kann Aufgabe eines therapeutischen Gespräches sein.

## VARIANTE II

*Ein Diplomingenieur hat eine Arbeitsstelle in Aussicht, mit der er stark sympathisiert, doch seine Frau ist entschieden dagegen, dass er sie annimmt. Sie fürchtet, dass er dann öfter als bisher von zu Hause abwesend sein wird, und die Kinder ihren Vater kaum mehr zu sehen bekommen. Also zieht der Diplomingenieur seine Bewerbung zurück mit der Erklärung, dass er die Stelle nicht haben will.*

*Später murrt er ohne Unterlass, wie viel wohler er sich auf dem abgesagten Arbeitsplatz fühlen würde, und beneidet alle Ingenieure, die in der glücklichen Lage sind, eine Arbeitsstelle wie die von ihm abgesagte innezuhaben.*

Auch dieses Muster ist verbreitet. Jemand sagt Nein und meint Ja, wie im geschilderten Fall, oder umgekehrt. Was will eine solche Person wirklich? Will sie das, was sie innerlich meint, oder das, was sie nach außenhin sagt? – Eine Frage, die man nicht auf Anhieb zugunsten des Gemeinten beantworten kann. Erst wird man das wahre Motiv der Person erforschen müssen, welches an den Folgen des Ja- oder Nein-Sagens zu erhellen ist. Ist es ein Motiv nachstehender Art:

a) Angst (im obigen Fall: Angst vor Vorwürfen und Geschimpfe der Frau),

b) Zuwendungshascherei (im obigen Fall: der Wunsch, gelobt zu werden, als »Märtyrer« dazustehen),

ist das wirkliche Wollen das Gemeinte, und nicht das Gesagte. Die Folgen sind klar: Man steht nicht zu dem Gesagten. Ist es hingegen ein Motiv der nachstehenden Art:

a) Liebe (im obigen Fall: ein Verzicht aus Liebe zur Frau),

b) Einsicht (im obigen Fall: Einsicht in die Richtigkeit der von der Frau vorgebrachten Bedenken),

ist das wirkliche Wollen das Gesagte und nicht das Gemeinte. Die Folgen sind ebenfalls klar: Man steht zu dem Gesagten. Dass dennoch neben dem Gesagten das Verlangen nach dem »Abgesagten« weiterverbleiben kann, tut dem keinen Abbruch, trotzdem kommt es zu keinem permanenten Murren und Neidischsein danach, wie bei unserem Diplomingenieur. Mit ihm seine wahren Motive zur Klärung des wirklich Gewollten zu diskutieren, kann daher Aufgabe eines therapeutischen Gespräches sein.

## VARIANTE III

*Ein Gymnasiast verliebt sich in eine Klassenkameradin. Er will so oft wie möglich mit ihr beisammen sein. Der Vater der Klassenkameradin befürchtet, dass die Tochter dadurch zu sehr von der Schule abgelenkt werden könnte, und verbietet ihr die Liaison. Der Gymnasiast verlässt wutentbrannt die Schule und »vergammelt« ab diesem Zeitpunkt sein Leben. So verliert er die Freundin endgültig und zerstört außerdem seine eigene Schullaufbahn.*

*Hätte er in Ruhe sein Abitur absolviert, danach an seinem eigenen Werdegang gearbeitet, und während all der Zeit seiner Freundin die Treue gehalten, hätte seine Jugendliebe immer noch eine Zukunftschance gehabt.*

Das ist das neurotische Muster wie aus dem Lehrbuch. Der Neurotiker verschärft die Situation. Er ist nicht der Mensch, der für eine bessere Wirklichkeit eintritt – er ist der Mensch, der sich über eine schlechte Wirklichkeit beklagt, und sie mit seiner Klage noch verschlechtert (Celia lässt grüßen ...). Wenn man ihn darauf anspricht, bekommt man nicht selten die lakonische Auskunft: »Das weiß ich alles, aber ich kann es nicht umsetzen«. Welche Freude für Angehörige und Begleiter! Es ist so ziemlich der Schlussstrich unter ihre sämtlichen Bemühungen.

Überlegen wir uns die Angelegenheit in Bezug auf das Wollen. Was will der Neurotiker, wenn er behauptet, etwas zu wissen, aber nicht zu können? Das »Wissen« ist ein Synonym für das Erkennen des Gesollten, und das »Nicht-können« ist ein Synonym für das Leichter-Sein des Nicht-Gesollten. Sucht er nun das Gesollte, oder sucht er einen Trick, wie ihm das Gesollte – um das er in der Tiefe seines Gewissens weiß – leichter fallen würde, oder sucht er eine Entschuldigung für die Verwirklichung des Nicht-Gesollten?

Vielleicht ist es ein Stück Hilfe, erst gemeinsam mit ihm das von ihm Gewollte aus dem Wust der Abwehr herauszuschälen und dem Licht des Bewusstseins zuzuführen, um dann in einem zweiten oder dritten Schritt auf das Gesollte zurückzukommen. Bei unserem ehemaligen Gymnasiasten etwa könnte es sich schon als heilsam erweisen, aus ihm herauszulocken, dass er in Wahrheit nicht die Liebschaft mit der Klassenkameradin fortsetzen, sondern einen Anlass zum Abgang von der Schule finden wollte ...

*VARIANTE IV*

*Ein Prediger sammelt eine enthusiastische Anhängerschaft mit Hilfe einer Parole, deren Grundtenor lautet: »Glaube, damit du die Urangst überwindest!« Ein verlockender Imperativ, aus logotherapeutischer Sicht absolut verfehlt. Welch ein Glaube, der als »Mittel zum Zweck« fungiert, nämlich zum Zwecke der Herstellung eigenen Wohlbefindens! Uralte pharisäische Töne klingen dabei an: »Setze gute Taten, um dir eine Aufnahme im Himmel zu sichern!« Die Qualität der Taten ist unwesentlich; würden schlechte Taten die Himmelspforte öffnen, würden sie empfohlen. Würde Unglaube von der Urangst befreien, würde Unglaube gepredigt ...*

Dieses Muster ist nicht weit entfernt vom neurotischen Muster – eventuell eine Nuance scheinheiliger, aber nicht weniger paradox. Ist uns doch zur Genüge bekannt, dass das Anstreben eines Nebeneffekts dessen Eintreten verhindert. Wer wirklich glaubt, um die Urangst zu überwinden, wird seine Ängste noch eine Zeit lang behalten. Wer aber glaubt im reinen Dienst am »Glaub-Würdigen«, ohne sich um seine Ängste zu bekümmern, dem werden sie in der Tat genommen werden.

Man kann dem genannten Prediger keine großen Vorwürfe machen, denn er ist ein Kind unserer Zeit. Und unsere Zeit ist eine Zeit der hilflosen Helfer und der zweifelnden Gläubigen; eine Zeit der irrigen Vorstellung, dass alles als Mittel zum Zweck benützt werden darf. Das Gewollte dahinter hat stets das eigene Wohlergehen zum Ziel. Und doch ist es ein verkümmertes, degeneriertes

Wollen, denn die Akte des Helfens oder des Glaubens erfordern ein ganz anderes Wollen – das echte *Dienenwollen*, nicht in Unterwürfigkeit, aber auch nicht mit Berechnung. Dies den Menschen unserer Zeit nahezubringen, ist Aufgabe fast jeden Beratungsgespräches.

Um zum Ausgangsdiskurs zurückzukehren: Ich bin die Letzte, die dem Wollen nicht einen zentralen Stellenwert im menschlichen Leben einräumen würde. Nur: Ganz am Anfang des Erwachens zur Freiheit steht das Wollen nicht. Am Anfang steht das blanke Wünschen, das Orientierung-Suchen, das Versuchen und Irren, das Ringen mit dem, worum schon gewusst wird, und mit dem, worin noch geirrt wird; und schließlich braut sich aus dem Gewühl von Emotionen und Kognitionen etwas spezifisch Humanes zusammen: das Wollen. Ob es echt ist, ob es gut ist, werden die Folgen zeigen.

So ist das Wollen nicht Anfang, aber auch nicht Ende. Es ist irgendwo in der Mitte des Menschen daheim, fest verbunden mit dem, was ihm vorausgeht – der Orientierungsfrage, und fest verbunden mit dem, was ihm nachfolgt – dem konkreten Resultat. Merkwürdig, dass etwas, das an beiden Enden festgezurrt ist, derart bewegt sein kann, wie das Wollen des Menschen.

Ein abschließender Gedanke: Es gibt ernst zu nehmende Vorahnungen, Erleuchtungen (das »zweite Gesicht«), bei denen sich einem Menschen etwas offenbart, das in der Zukunft eintreten wird. Wie decken sich solche Vorahnungen mit dem Wollen-Können des Menschen?

Der Widerspruch könnte ein scheinbarer sein. Sind Vorahnungen doch winzige, punktuelle Einblicke in eine Dimension, die dem Menschen eigentlich nicht zukommt. Da wir von einer suprahumanen Dimension annehmen müssen, dass sie jenseits des Raum-Zeit-Kontinuums verläuft, kann das in ihr Ruhende – das wir »ewig« zu nennen pflegen – nicht ewig lange dauern, ja, überhaupt nicht in irgendeiner Zeitform andauern, sondern muss zeitlos, und das heißt *gleichzeitig* nebeneinander existieren. Zeitlosigkeit ist identisch mit Gleichzeitigkeit, ohne ein »vorher« oder »nachher«.

Dies würde bedeuten, dass in jener suprahumanen Dimension, die wir uns nicht vorstellen können, alles, was sich in unserem irdischen Raum-Zeit-Erleben in Vergangenheit, Gegenwart und Zukunft aufgliedert, immer schon nebeneinander steht, gestanden ist und stehen wird. (Auch unsere Sprache kann Zeitloses nicht ausdrücken!) Dadurch wäre es möglich, in der Aufhebung des Zeit-Kontinuums etwas, das neben dem Jetzt steht, zu sehen, während dasselbe im Zeit-Kontinuum erst sehr viel später aus freiem Willen gewählt werden wird, und somit nicht vorherbestimmt ist. (Wobei das Wort »neben« auch nur ein räumlicher Schnörkel ist, weil uns für Unräumliches die Worte fehlen!) Nun – wenn einem die Worte fehlen, soll man aufhören ...

# Geschichten, die heilen können

## Das verborgene Versprechen

Wiederholt wurde von der »Heilkraft des Lesens« berichtet. Dieser wohnt allerdings ein gewisser Zauber inne, weil sie nicht im Voraus kalkulierbar ist. Man kann einen Text, und sei er noch so klug, nicht wie eine Medizin verschreiben und auf seine Wirkung bauen. Es muss schon die dafür aufgeschlossene Person in der dafür empfänglichen Stunde mit ihm in Berührung kommen, damit sich seine Heilkraft entfalten kann. Dann aber mag Erstaunliches geschehen: Quellen sinnvollen Lebens fangen an zu sprudeln. Hier einige Beschreibungen von kompetenter Seite:

*LUDWIG MUTH:* [18]

*Noch andere Funktionen des Buches kommen ins Spiel, wenn wir nach der Heilkraft des Lesens fragen: Lachen und Weinen, Miterleben und Phantasieren, Sich-in-andere-Schicksale-Hineinverwandeln und In-die-eigene-Vergangenheit-Zurücksteigen, Aus-der-Zerstreuung-zu-sich-selber-Kommen, Tiefe gewinnen, Meditieren. Hier, wo der banale Informationsvorgang überschritten wird, wird der tiefere Sinn von Lesekultur offenbar. Es gibt kaum eine Autobiographie, in der Bücher nicht eine entscheidende Rolle spielen. Doch was erscheint den Autoren aufzeichnenswert, was für ihre Biographie bedeutsam? Nicht dass man bei dieser oder jener Gelegenheit nützliche Kenntnisse gewonnen hat, dass man berufliches Wissen vermehrt oder oberflächliche Neugierde gestillt hat, sondern dass beim Lesen etwas in*

*Bewegung kam, dass Erstarrung überwunden wurde. Lesen hat etwas zu tun mit dem Prozess, den Angelus Silesius mit den Worten fordert:»Freund, so du etwas bist, so bleib doch ja nicht stehen, du musst von einem Licht fort in das andre gehen.«*

*Unter diesem Blickwinkel versteht man auch die verblüffende Feststellung, dass eifrige Leser, der Tendenz nach, glücklichere Menschen sind. Sie sind es gewiss nicht, weil sie weniger Schicksalsschläge zu ertragen haben, sondern eher, weil sie durch ständige Lektüre gelernt haben, Widrigkeiten sinnvoll in ihre Biographie einzufügen; weil sie in ständiger Auseinandersetzung mit der Gedanken- und Bilderwelt der Bücher zu reiferen Menschen geformt werden. So gesehen kann man Lesekultur auch definieren als tagtägliche Therapie ohne Therapeut.*

## UDO KITTLER: [19]

*Aus seiner langen Praxis als Psychiater weiß Viktor E. Frankl zu berichten: »Das rechte Buch zur rechten Zeit hat viele Menschen vor dem Selbstmord bewahrt, und davon wissen wir Psychiater sehr wohl ein Lied zu singen. In diesem Sinne leistet das Buch echte Lebenshilfe – und Sterbehilfe.«*

*Die heilende Wirkung, die von Büchern und Geschichten ausgeht, ist immer wieder bezeugt worden. Gegenwärtig werden dem Leser zahlreiche Bücher angeboten, in denen er Lebenshilfe und Therapieprogramme finden soll. Inzwischen weiß man aber, dass (Lebens-)Schicksale den Leser weitaus mehr berühren als »entseelte« Selbsthilfe-Programme, die bis in kleinste Einzelteile zerlegt sind. Daraus geht hervor: (Lebens-)Schicksale hinterlassen größere Wirkung, weil sie die Tiefenschichten des Menschen erreichen.*

## PETER RAAB: [20]

*Jeder Therapeut weiß, wie groß und verbreitet die Angst vor Autonomie und Eigenverantwortung ist. Ein Text ist oft geeignet, Angst zu nehmen: Angst vor der autonomen Lebensgestaltung, dem Leben überhaupt und dem Ende des Lebens; er bietet die Erfahrung an, dass Leben sinnvoll sein und gelingen kann, trotz seiner Gebrochenheit. So wird für den Leser entspre-*

*chender Texte das Lesen der Weg zum vollen Ernst seines Lebens. Lesen, auf das ich mich existentiell einlasse, bietet mir die Chance, dass ein tiefgreifender, existentieller Reifungsprozess in Gang gesetzt, dass Bewusstseinsarbeit geleistet wird, die schließlich zu heiterer Gelassenheit führen, die günstigenfalls Erlösung und Befreiung bewirken kann ...*

*Dies ist das Entscheidende und das eigentlich Heilende beim Lesen entsprechender Texte: Die Teilhabe an der Erfahrung vom gelungenen Leben ohne die alten Krücken, ohne den Selbstbetrug, ohne die untauglichen Überlebensstrategien. Ein Erfahrungsschatz wird vermittelt, der voll ist von Ermutigung und Bestärkung, der weit über die eigene enge Begrenztheit hinausführt.*

## DIETRICH VON ENGELHARDT: [21]

*Seit der Antike haben Ärzte, Philosophen und Schriftsteller Erfahrungen und Gedanken über literarische Texte als Heilung und Beistand formuliert, als Instrument der Psychotherapie und Medizin, wichtig für Prävention, Rehabilitation, Kuration, aber auch als Diagnostikum wie als Möglichkeit, die Beziehung zum Arzt oder zu den Angehörigen und Freunden zu verbessern, als Hilfe schließlich für jeden Menschen, mit Krankheit und Krisen, Leiden und Tod besser umgehen zu können.*

*Ein Text kann Ablenkung oder Hinlenkung bedeuten, als Vorbild oder Abschreckung dienen, er kann in Verbindung mit dem eigenen Leben oder einer vorliegenden Krankheit stehen oder von diesen Situationen wegführen, er kann praktischen Zielen oder metaphysischer Sinngebung verpflichtet sein ... Nach Kafka soll er jedenfalls »die Axt sein für das gefrorene Meer in uns«.*

## OTTO BETZ: [22]

*Die meisten Märchen sind Weggeschichten. Wer die Welt erkennen will, der muss sich auf den Weg machen, um das Unbekannte zu entdecken. Die Welt ist größer als man zunächst gedacht hat. Wer zu bequem ist und den Abschied scheut, wer nur bei dem bleiben will, was er vorgefunden hat, der trägt nichts zur Entfaltung der Schöpfung bei. Ohne innere Anteilnahme und einen Schuss Begeisterung, ja, eine vibrierende Lust am Experiment, ist nichts in Gang zu bringen. Wer aber loszieht ins Unbekannte, muss auch damit rechnen, dass sich mancher Weg als Irrweg oder jedenfalls Umweg herausstellt. Oder er trifft auf warnende und mahnende Gestalten, die ihn zur Umkehr auffordern, weil der eingeschlagene Pfad ins Verderben führen kann ...*

*Es ist immer misslich, in vereinfachenden Formeln zu sagen, welche Intentionen »das Märchen« hat, aber vielleicht kann man doch sagen, dass der Großteil der Märchen darauf abzielt, dem Glück und der Verwirklichung des menschlichen Potentials Raum zu geben: es soll besser herauskommen, was alles im Menschen steckt. Und die Zuversicht, dass auch die hemmenden Schwierigkeiten überwunden werden können, steht hinter den Erzählungen.*

Soweit Aussagen von Personen, die sich mit der Erforschung der Heilkraft von Texten näher beschäftigt haben. Sie lehren uns, dass das »Prinzip Hoffnung«, das alles Kulturschaffen der Menschheit durchzieht, auch die Fabeln, Mythen, Märchen und Legenden von alters her durchweht. Insbesondere die natürlich gewachsenen Volksgeschichten, z. B. Karawanengeschichten, und religiösen Gleichnisgeschichten zeigen dabei allesamt ähnliche Charakteristika: Sie enthalten eine *Belehrung* und ein *Versprechen*. Die Belehrung ist schlichtweg eine Lektion in Lebenskunst. Sie berichtet über einen Aspekt menschlicher Einstellungs- und Handlungsweise, der Zufriedenheit mit dem Leben fördert oder hemmt. Mit dem Versprechen ist es diffiziler. Einerseits betrifft es den positiven Pol der Belehrung, eben die Verheißung, dass Leben unter Beachtung des förderlichen Aspektes gut ausgehen wird. Andererseits schwingt das Versprechen auf hauchfeinen Andeutungswellen darüber hinaus und wird zum echten Hoffnungsträger, indem es einen grundsätzlich guten Ausgang verspricht, der selbst noch gehemmtes Leben mit einschließt.

Beide, sowohl Belehrungen als auch Versprechen, haben heutzutage an Beliebtheitsgrad eingebüßt. Man ist sensibel geworden gegenüber »Besserwisserei« und guten Ratschlägen von Autoritätspersonen. Einzig das selbst erbrachte Zeugnis hat noch Autorität, und solches ist rar. Man ist auch misstrauisch geworden gegenüber Versprechen, die sich als unrealistisch erweisen könnten. Der Glaube an die »heile Welt« und ihre Noch-Entstehbarkeit ist auf den Nullpunkt gesunken. Mit dieser Übersensibilität und diesem Misstrauen sind Chancen vergeben worden, gerade die volkstümlichen Geschichten als das auf sich wirken zu lassen, was sie sind: Hilfsmittel, Tröster, Wegweiser und Neuorientierung in der Krise.

Zur Exemplifizierung möchte ich acht Kurztexte vorstellen, sie auf ihre »Belehrungskapazität« hin untersuchen, und mit therapeutischen Ansätzen zur Reduzierung von psychischen Störungen in Verbindung bringen. Ferner will ich versuchen, das verborgene Versprechen aus ihnen herauszufiltern, und zwar in seiner Doppelgesichtigkeit: als das aufleuchtende Soll im »Spannungsbogen zwischen Sein und Soll« (Frankl), in dem sich unser Dasein ständig bewegt, und als Verweis auf einen »Übersinn« (Frankl), eine Art »Letztheit«, in der sich unsere Hoffnungen auch dann noch erfüllen könnten, wenn das Soll verfehlt worden ist. Wie sagte doch der Maler Paul Klee so schön: »Die Kunst spielt mit den letzten Dingen ein unwissend Spiel und erreicht sie doch.«

### 1. Die Mulde (Michael Titze): [23]

*Ein weiteres Beispiel gibt uns die folgende Legende aus dem Leben des großen Kirchenlehrers Augustinus. In seinen jungen Jahren, so wird berichtet, ging Augustinus einmal an einem menschenleeren Strand entlang. Angesichts der Urgewalt des tosenden Meeres fühlte er sich herausgefordert, über die geheimnisvollen Kräfte zu spekulieren, die das Universum in Bewegung halten. Während er sich so seinen Kopf zerbrach, erblickte er plötzlich ein kleines Kind, das emsig bemüht war, mit einer Muschelschale Meerwasser in eine kleine Mulde im Sand zu schütten. Augustinus blieb stehen, schaute dem Kind eine Weile zu und fragte es dann, was es da wohl mache. Die*

*Antwort war lächerlich unvernünftig:* »*Ich bringe das ganze Meer in diese Mulde!*« *Und als der Gelehrte darauf belustigt einwandte, dies sei doch ganz und gar unmöglich, entgegnete ihm das Kind sinngemäß, dass es eher das Wasser sämtlicher Meere dieser Erde in die kleine Mulde einfüllen könne, als dass die menschliche Vernunft das Geheimnis der Schöpfung werde begreifen können.*

Die Belehrung aus dem Text ist unstrittig. »Beuge dich vor dem Geheimnis«, würde Viktor E. Frankl es formulieren.[24] – »Greife nicht nach den Sternen«, »Rechte nicht mit dem Schicksal«, »Hinterfrage nicht Gottes Wege!«

Ich denke an eine Patientin, 63 Jahre alt, von starken Ängsten geplagt. Wenn eine Reise anstand, überlegte sie wochenlang zuvor, was sie machen würde, falls sie im Ausland erkranke. Sie erinnerte sich an Zeitungsartikel über verunreinigte, giftige Nahrungsmittel und malte sich detailliert aus, wie sie hilflos in einem stickigen Hotelzimmer liegen würde, von Koliken geplagt, unfähig zum Rücktransport. Ähnlich panisch reagierte sie auf andere außergewöhnliche Ereignisse oder Programmpunkte im Leben und fühlte sich nur halbwegs wohl im festen Korsett eines gleichförmigen Alltags im eigenen Heim. Sehr zum Verdruss ihres Ehemannes, der im Gegensatz zu ihr ein unternehmungslustiger Rentner war.

Warum sah sie immer und überall das Negative? Hatten bittere Erfahrungen ihre Ängste geschürt? Das ist nur teilweise zu bejahen. Ihr Vater war im Krieg gefallen, mit ihrem Stiefvater hatte sie sich nicht verstanden, aus dem Internat war sie zu einer älteren Schwester geflohen. Das war sicher nicht der glatteste »Auftakt« zur »Eigenkomposition« ihres Werdeganges gewesen. Aber danach war Ruhe eingekehrt. Es waren 18 produktive Jahre als Laborassistentin gefolgt, mit wechselnden und etwas unausgegorenen Beziehungen zwar, aber in kontinuierlicher Persönlichkeitsreifung. Bis schließlich die Ehe eingegangen worden war, die bis in die Gegenwart hielt. Alles in allem ein bisschen wenig »Causa« für chronische Schwarzseherei!

Doch da ist ein weiterer Punkt. Die Patientin war in religiöser Hinsicht streng erzogen worden. Später war sie in den eher antireligiösen Zeittrend der 60er- und 70er-Jahre geraten und auf der Modewelle »Selbstverwirklichung« mitgeschwommen. Davon war sie wieder losgekommen, ohne jedoch eine neue Glaubensbeheimatung zu finden. Im Gespräch brach es aus ihr hervor: »Ich werde nicht damit fertig, dass soviel Böses in der Welt ist. Es macht mich unendlich traurig. Tausende unschuldiger Menschen müssen leiden, sterben des Hungers, wären besser nie geboren worden. Überall kriselt und kracht es, Streit und Gewalt herrschen, Naturkatastrophen nehmen zu, und kein Ende des Elends ist in Sicht. Es kann keinen ›lieben‹ Gott geben, der dies tatenlos duldet. Entweder gibt es gar keinen, oder er ist böse und überlässt seine Welt der Verderbnis.«

Was sollte ich darauf antworten? Ich spürte den Zusammenhang zwischen dem Nicht-einordnen-Können der Schattenseiten des Lebens ins Welt- und Gottesbild und dem panischen Erwarten eben solcher Schatten im eigenen Leben der Patientin, aber ich hatte auch keine Erklärung anzubieten. Alles, was ich diesbezüglich hatte und habe, ist – Vertrauen. Ließ es sich »übertragen«? Ich holte die Legende des Augustinus und legte sie auf den Tisch. »Das Meer passt nicht in die Sandmulde?« fragte ich leise.

Die Patientin schwieg. Es arbeitete in ihr. Dann hob sie den Blick und lächelte. »Na ja«, sagte sie, »sicher ist mein Verstand wie eine kleine Mulde. Da geht manches nicht hinein. Vielleicht sollte ich aufhören, nach Dingen zu fragen, die ich nicht verstehe.« »Und Schlussfolgerungen daraus zu ziehen«, ergänzte ich. Die Patientin lachte. »Sie haben schon Recht.« Sie wurde wieder ernst. »Aber was soll ich dann glauben?« »Was sagt Ihr Herz?« »Es träumt immer noch vom ›lieben‹ Gott aus meinen Kindertagen ...« »Ein schöner Traum«, antwortete ich spontan, »behalten Sie ihn sich. Träumen Sie ihn vor jedem Urlaub, vor jeder Veränderung und bei sonstigen Anlässen, die Sie erschrecken. Sie sagen, er stammt aus Kindertagen? Nun, auch Augustinus erhielt die Botschaft durch einen Kindermund. Das Kindliche – nicht Kindische! – ist oft Symbol des Wahren, Unverfälschten, von der Winzigkeit unseres ›Muldenverstandes‹ noch Unverbogenen ...«

Die Patientin reaktivierte ihren Traum und träumte sich mit seiner Hilfe zunehmend aus ihren Ängsten hinaus.

Dies zur Belehrungskapazität des Textes. Halten wir jetzt Ausschau nach seinem verborgenen Versprechen. Es lautet in etwa: »Siehe, es gibt Inhalte, die Dir nicht offenbart werden, weil Du sie nicht begreifen könntest. Aber es wird Dir früher oder später offenbart, warum Du sie nicht begreifen kannst. Denn es wird Dir das Wissen um Deine Begreifensgrenze gewährt.«

Wer über dieses Wissen die Nase rümpft, der möge bedenken, dass Menschen und Tiere ihre Begreifensgrenzen haben, aber einzig der Mensch um sie weiß, und zwar je höherstehend er ist, umso eher. Die hervorragendsten Wissenschaftler aller Zeiten haben stets die Grenzen gewonnener Erkenntnisse am deutlichsten wahrgenommen. Das Wissen um die Begreifensgrenze ist sonach ein menschliches Spezifikum. Gleichzeitig ist es ein ungeheures Zugeständnis an eine beschränkte Kreatur. Denn das Wissen um eine Grenze enthält bereits ein ahnungsvolles Vorwissen um ein Jenseits dieser Grenze – jede Grenze ist die Grenze zweier »Bereiche«! Niemals könnte etwas Grenze sein, das nicht zwischen einem Diesseits und Jenseits angesiedelt ist. Und wenn das Diesseits unsere menschlich erfassbare und leider vielfach chaotisch gestaltete Welt beinhaltet, dann verheißt die Grenze des Diesseits ein Jenseits übermenschlicher Ordnungen und Wahrheiten, das sich unserem Begreifen entzieht, aber als »unendlich anders« vertrauensvoll »erträumt« werden kann.

Dass uns dort, wo wir verzweifelt an unsere Grenzen stoßen, immer wieder irgendwie die Ahnung vom »Jenseits der Grenze« aufgeht, ist das Versprechen der Legende.

## 2. Die Bärenraupe (Otto Wiemer):[25]

*Keine Chance. Sechs Meter Asphalt.*
*Zwanzig Autos in einer Minute.*
*Fünf Laster. Ein Schlepper. Ein Pferdefuhrwerk.*

*Die Bärenraupe weiß nichts von Autos.*
*Sie weiß nicht, wie breit der Asphalt ist.*
*Weiß nichts von Fußgängern, Radfahrern, Mopeds.*

*Die Bärenraupe weiß nur, dass jenseits*
*Grün wächst. Herrliches Grün, vermutlich fressbar.*
*Sie hat Lust auf Grün. Man müsste hinüber.*

*Keine Chance. Sechs Meter Asphalt.*
*Sie geht los. Geht los auf Stummelfüßen.*
*Zwanzig Autos in der Minute.*

*Geht los ohne Hast. Ohne Furcht. Ohne Taktik.*
*Fünf Laster. Ein Schlepper. Ein Pferdefuhrwerk.*
*Geht los und geht und geht und geht und kommt an.*

Die Belehrung aus dem Gedicht liegt auf der Hand, obwohl sie in doppelter Hinsicht missverstanden werden kann. Besagt sie doch ungefähr Folgendes:»Gehe deinen Weg, unbeirrt von allen Schwierigkeiten! Gehe unverkrampft und ohne Angst!« – Ist das etwa ein Aufruf zum Leichtsinn? Oder gar zum unüberlegten Nachgeben den Gelüsten des Augenblicks? Gewiss nicht. Hier geht es nicht um die reale Überlebenschance Futter suchender Insekten auf Autobahnen. Das Symbol stellt die Bärenraupe dem herrlich fressbaren Grün gegenüber, wie der Mensch einem ihn zutiefst ansprechenden Ziel gegenübersteht, dessen vorwegnehmende Schau ihm Kraft verleiht. Die Lust der Raupe auf Grün ist das animalische Pendant zur Sehnsucht des Menschen nach Sinnerfüllung. Daher muss »sie« (»er«,

»man«) von der Intuition geleitet »hinüber«, durch die Gefahrenzone des Abgelenktwerdens und möglichen Scheiterns hindurch ...

Ich denke an eine Patientin, 16 Jahre alt, nach achtmonatigem Aufenthalt in einer psychiatrischen Klinik ohne wesentliche Fortschritte entlassen. Die Fortschritte hätte es in Richtung Normalisierung ihres Essverhaltens geben sollen. Stattdessen waren Rückschritte getätigt worden: Der Gymnasialbesuch war abgebrochen und Freundinnen waren verloren worden, die Mutterbeziehung war schlechter als je zuvor, Hobbies ruhten, und das Selbstwertgefühl der jungen Dame war extrem geschrumpft. »Aus mir wird nichts mehr«, war einer ihrer ersten Sätze, den ich hörte. 16 Jahre und keine Zukunft im Blick?

Ich verschwendete kaum Zeit mit der Vorgeschichte. Im Arztbrief stand alles ausführlich; acht Monate sind eine lange Zeit zur Rekonstruktion einer Tragödie. Erst der Terror eines Dreiecksverhältnisses und die Scheidung der Eltern, dann die berufliche Überforderung der Mutter und das häufige Alleinsein der pubertierenden Tochter. Bald danach die »Ersatzbefriedigung« Essen, die zu einem enormen Übergewicht des Mädchens führte, verbunden mit entsprechendem Gehänseltwerden in der Schule. Um dem Spitznamen »fette Sau« zu entgehen, steckte es nach jeder Mahlzeit den Finger in den Mund und erbrach sich; die Bulimie nahm ihren Lauf. Extremes Fasten wechselte mit wilden »Fressattacken«, der Kreislauf schwankte, die Mutter schimpfte, der geschiedene Vater distanzierte sich, das Klassenziel wurde verfehlt, der Zusammenbruch nahte. Die besorgten Lehrer rieten zur Therapie, der Psychologe riet zum Klinikaufenthalt, die Klinikärzte verabreichten sedierende Mittel und verlangten Disziplin, die Stimmung des Mädchens pendelte zwischen Depression und Rebellion. Ein paar hingeworfene Selbstmordandrohungen von ihm bewirkten schlussendlich ein langes Eingesperrtwerden auf geschlossener Station und völlige Apathie. Nichts griff mehr, das verstörte Kind wurde ohne weitere Perspektiven an die als überfordert eingestufte Mutter zurückgegeben.

Da saß die 16jährige bei mir und las das Gedicht von Otto Wiemer, das ich ihr zugeschoben hatte. »Sechs Meter Asphalt ...

20 Autos in der Minute ... Du auf kleinen Stummelfüßen ... ist es das, was Du fühlst?« Sie heulte und heulte. »Ja, ganz genau ...« war zwischendurch zu hören. Ich wartete. Der Tränenfluss wollte nicht versiegen, aber ich ließ ihr die Zeit, die sie brauchte. Langsam tauchte sie wieder auf. »Hör zu«, sagte ich, »ich will das Grün sehen. Beschreib mir das Grün hinter den sechs Metern Asphalt!« »Da ist kein Grün. Nur Grau!« Es bedurfte einer zweiten Tränenflut, bis wir uns auf Grün einigen konnten. Dann kam die Vision sehr deutlich: Schulabschluss, Freunde, Anerkanntsein, Tanzen in schicken Kleidern, eine Urlaubsfahrt mit dem Vater.

»Prima«, antwortete ich, »jetzt los auf den Stummelfüßchen! Schritt für Schritt. Zögern und Pausen sind nicht erlaubt. Rechts und links schauen auch nicht. Ich gehe mit Dir, bis der Asphalt aufhört.« Es wurde eine mühsame Detailarbeit: Umschulung in eine Hauptschule mit Aussicht auf spätere schulische Aufstockung, Integrierung in eine Gruppe »weight-watchers« mit Informationen über Diäten und vernünftige Ernährung, Aussöhnung mit der Mutter und regelmäßige Kontakte mit dem Vater, Aufnahme von Sport-, Gesangs- und Tanzstunden. Die ersten guten Noten und das auf gesunde Weise abgehungerte Körpergewicht »lifteten« das Selbstwertgefühl des Mädchens. Ein Job in den Ferien, bei dem das erste eigene Geld verdient wurde und überdies zwei Burschen mit ihm flirteten, trug ebenfalls dazu bei. Einmal noch bahnte sich ein kritischer Rückfall an, doch der Laster verfehlte unsere Bärenraupe um wenige Zentimeter – sie kam an.

In diesem Fall hat der Text sein verborgenes Versprechen gehalten. Das Versprechen des Ankommens, selbst wenn vordergründig weit und breit keine Chance sichtbar ist. Das Versprechen des Ankommens bei Ausdauer und Mut. Wie groß dieses Versprechen in seinem vollen Umfang ist, wage ich nicht zu beurteilen. Es könnte im dichterischen »Spiel mit den letzten Dingen« größer sein, als wir denken. Denn steht die Bärenraupe für den Menschen in seiner unverlierbaren Würde, dann kommt sie auch im Überfahrenwerden und Sterben noch an.

## 3. Der Luftzug (Anthony de Mello): [26]

Die Halle war zum Brechen voll, meistens ältliche Damen. Es handelte sich um eine Art neuer Religion oder Sekte. Einer der Redner, nur mit Turban und Lendentuch bekleidet, stand auf. Er sprach gefühlvoll von der Macht des Geistes über die Materie, der Psyche über den Körper. Alle lauschten gebannt. Schließlich kehrte der Redner auf seinen Platz zurück. Sein Nachbar wandte sich ihm zu und fragte in einem lauten Flüstern: »Glauben Sie wirklich, was Sie gesagt haben, dass der Körper nichts fühlt, dass sich alles im Geist abspielt, und dass der Geist bewusst durch den Willen beeinflusst werden kann?« Der Scharlatan erwiderte in frommer Überzeugung: »Natürlich glaube ich das.« Darauf der Nachbar: »Würden Sie dann bitte mit mir Platz tauschen? Ich sitze nämlich genau im Zug.«

Die Weisheit des Textes vermittelt sich uns über das Medium »Humor«. Dennoch ist sie nicht zu unterschätzen. Die Warnung ist ernst: »Hebe nicht ab vom Boden, bleibe schön auf der Erde! Vergiss im Höhenflug deiner hehren Vorstellungen nicht, dass Tüchtigkeit und Leistungskraft angewiesen sind auf ein intaktes ›Instrument‹ des menschlichen Geistes, das seinen Dienst auch aufkündigen kann.«[27] Oder noch ernster: »Vergiss nicht, dass Du Staub bist und zum Staub zurückkehrst ...« Idealismus ist gut -, verschränkt mit vernünftigem Realismus ist er noch besser.

Ich denke an einen Patienten, 33 Jahre alt, arbeitslos, als Borderline-Fall diagnostiziert. Seine Erkrankung im Grenzbereich zur Schizophrenie äußerte sich in seltsamen, abergläubischen Ideen. Er müsse für die vielen Abtreibungen in der Bevölkerung büßen, indem er Arbeiten verrichte, die ihm partout nicht liegen, und Hausrat aus der elterlichen Villa, die er mitbewohnte, verschenken. Er müsse Strafen auf sich nehmen, etwa die Selbstkasteiung, tagelang nichts zu trinken, um die erzürnten Himmelsmächte zu beschwichtigen und Unheil von der Welt abzuwenden. Kein Zweifel, ein angstverbrämtes Gottesbild verband sich mit der krankheitsbedingten

Anfälligkeit des Patienten für fixe, unproportionale Ideen und katapultierte ihn in ein bedrohliches »Schattenkabinett« verzerrter Gedanken.

Mir war klar, dass Argumente nichts ausrichten würden. Wohlmeinende Erklärungen im Kampf gegen die Schatten eines aufziehenden Wahns stehen auf verlorenem Posten. Ich wandte mich an die Eltern des jungen Mannes, die nach mehrjährigen enttäuschenden Versuchen, Hilfe für ihren Sohn zu finden, müde und resigniert waren, und drückte ihnen den Text von de Mello in die Hand. »Es ist nicht der Geist Ihres Sohnes, der verwirrt ist«, erläuterte ich. »Ihr Sohn sitzt sozusagen im ›Luftzug‹, er leidet an Stoffwechselstörungen der Nervenzellen und braucht die richtigen Medikamente. Das hat absolut Vorrang. Erst wenn der ›Luftzug‹ abgestellt ist und die Funktionen seines Organismus einigermaßen ausbalanciert sind, können wir mit ihm u. a. über fromme Inhalte diskutieren.« Die Eltern entgegneten, dass ihr Sohn alle bisherigen ärztlichen Verschreibungen boykottiert hatte. Es galt also, ihm die Medikamente auch ohne seine Einsicht und Kooperation zuzuführen. Da er tagelang nichts trank, war dies schwierig. Doch fand die Mutter eine Lösung: Sie mischte die Tabletten zerkleinert in sein tägliches Frühstücksmüsli.

Nach zweieinhalb Monaten sah ich den Patienten wieder. Er half seit kurzem in einer Gärtnerei als Kranzbinder und fand Spaß an der neuen Tätigkeit. Er plante sogar, im zur Villa gehörenden Garten seiner Eltern Korniferen zu züchten, um sie zur Allerheiligen- und Weihnachtszeit für Gestecke und Grabgebinde zu verwerten. Ich bestärkte ihn in seinem Vorhaben, mit Erleichterung registrierend, dass er sich eine Arbeit, die ihm gefiel, ohne Zaudern gönnte. »Wie kamen Sie zu der Aushilfe in der Gärtnerei?« fragte ich ihn. »Oh«, lächelte der Patient, »Ich werde geführt.« Dieses Glaubensbekenntnis konnten wir stehen lassen. Sicherheitshalber betonte ich: »Gut geführt?« Ein Schatten huschte über sein Gesicht. »Nur, wenn ich mich nicht versündige ...« Hier war sie, die Angst. Aber er saß nicht mehr im ›Luftzug‹; die Medikamente hatten ihn nervlich gefestigt.

Jetzt konnte er seine Angst mit geistigen Mitteln anpacken. »Woher wollen Sie das wissen?«, konterte ich. »Mir scheint, dass eine Führung gerade dann vonnöten ist, wenn sich jemand verirrt hat. Am einfachen, geraden Weg braucht man keine Führung.« Das leuchtete ihm ein. Im Zuge unserer intensiven Abwägung verschiedener Sichtweisen begann er, sich eine »gnädigere« auszuwählen. Und trank hinterher ein Glas Limonade bei mir!

Weitere zweieinhalb Monate vergingen, bis ich den Patienten über die Notwendigkeit seiner regelmäßigen Medikamenteneinnahme aufklärte. Er sträubte sich zunächst, war aber inzwischen als Beifahrer in einem Blumengroßhandel beschäftigt und wollte den Job nicht aufs Spiel setzen. So beugte er sich dem Unvermeidlichen, nicht ohne entscheidend an Lebensqualität zu gewinnen.

Der Mensch ist »Mannigfaltigkeit trotz Einheit« (Frankl), und wer das vergisst, kennt den Menschen nicht. Leider neigt die moderne Psychologie in ihrem strengen Bemühen um Wissenschaftlichkeit dazu, Beseelt-Geistig-Spirituelles am Menschen auszuklammern; während Sektenführer, Gesundbeter, Geistheiler und Scharlatane aller Art dazu neigen, das Organismisch-Physiologische am Menschen zu vernachlässigen. Doch schwingt in der obigen Geschichte ein tröstliches Versprechen mit: Das Gültige, Angemessene wird sich zeigen. Was unstimmig und unecht ist wie die Floskeln jenes »Turban-Redners«, wird sich irgendwann, vom gesunden Menschenverstand entlarvt, selbst ad absurdum führen.

### 4. Die geballte Faust (Nossrat Peseschkian): [28]

*Der Mullah wollte für seine Frau Nüsse holen, denn sie hatte ihm versprochen, Fesenjan, ein Gericht, das mit Nüssen zubereitet wird, zu kochen. In der Vorfreude auf seine Lieblingsspeise griff der Mullah tief in den Nusskrug und fasste so viele Nüsse, wie er nur mit der Hand erreichen konnte. Als er versuchte, den Arm aus dem Krug herauszuziehen, gelang es ihm nicht. So sehr er auch zog und zerrte, der Krug gab seine Hand nicht frei. Er jammerte, stöhnte und fluchte, aber nichts half. Auch als seine Frau den Krug nahm und mit der Gewalt ihres Gewichts daran zog, nützte dies nichts. Die Hand blieb fest im Hals des Kruges stecken.*

*Nach vielen vergeblichen Mühen riefen sie ihre Nachbarn zu Hilfe. Alle verfolgten voller Interesse das Schauspiel, das sich ihnen bot. Einer der Nachbarn aber sagte zu dem verzweifelt stöhnenden Mullah: »Ich helfe dir, wenn du genau das tust, was ich dir sage.« »Mit Handkuss mache ich, was du mir sagst, wenn du mich nur von diesem Ungeheuer von Krug befreist!« »Dann schiebe deinen Arm wieder in den Krug hinein.« Dem Mullah kam dies erstaunlich vor, denn warum sollte er mit dem Arm in den Krug hineinfahren, wenn er ihn doch aus ihm heraus haben wollte. Doch er tat, wie ihm geheißen. Der Nachbar fuhr fort: »Öffne deine Hand und lasse die Nüsse fallen, die du festhältst.« Dieses Ansinnen erregte den Unwillen des Mullah, denn er wollte ja die Nüsse für seine Lieblingsspeise herausholen, und jetzt sollte er sie einfach fallen lassen. Widerstrebend folgte er den Anweisungen seines Helfers. Der sagte: »Mache deine Hand ganz schmal und ziehe sie langsam aus dem Krug«. Und siehe da, ohne Schwierigkeiten zog der Mullah seine Hand aus dem Krug. Ganz zufrieden war er aber noch nicht. »Meine Hand ist jetzt frei, wo aber bleiben meine Nüsse?« Da nahm der Nachbar den Krug, kippte ihn um und ließ so viele Nüsse herausrollen, wie der Mullah brauchte. Mit Erstaunen sah der Mullah zu und murmelte: »Bist du ein Zauberer?«*

Die Geschichte variiert das uralte Thema von der Paradoxie des Glücks. Je mehr man nach dem Glück greift, desto mehr verflüchtigt es sich. Was man unbedingt haben möchte, versperrt sich einem. Es gibt Menschen, die ein halbes Leben lang einer bestimmten Wunscherfüllung nachlaufen und sie niemals erreichen. Die Dinge entwinden sich dem Zwang – je kostbarer sie sind, umso eher. Das Schönste, Liebste, Erhabenste liegt außerhalb jeder Machbarkeit.

Dieselben Dinge schenken sich uns in begnadeten Momenten. Ganz unerwartet trippeln sie auf leisen Sohlen in unser Leben und hüllen es in Glanz. Plötzlich schießt Wonne in ein unruhiges Herz ein und entlohnt es für alles Darben. Eine Woge inniger Zuwendung flutet an jemanden heran, der sie ganz unverdient weiß. Was sich nicht greifen, bestellen oder machen lässt, das ist losgelassen einfach da und schmiegt sich in die leere, offene Hand.

In der Psychotherapie haben wir es häufig mit der nicht offenen, sondern geballten Faust aus der Parabel zu tun. Mit dem Krallen an Nüssen, die ein Krug nicht freigibt. Viktor E. Frankl, Paul Watzlawick, Milton Erickson und andere bahnbrechende Forscher haben dieses Phänomen eindrücklich beschrieben. Es kann sogar im Tierversuch demonstriert werden. Man nehme eine hungrige Henne, setze sie in einen Käfig, der nur aus drei Drahtgitterwänden besteht, und stelle außen hinter die mittlere Wand eine Schale mit Futter.

Natürlich möchte die Henne zum Futter laufen, das sie durch die Drahtmaschen hindurch sieht. Sie läuft gegen die Wand. Sie probiert es wieder und wieder. Mit steigendem Hunger verstärkt sie ihre Bemühungen, tobt, flattert, und hackt mit dem Schnabel um sich. Alles vergeblich, die Wand hält Stand. Wenn man der Henne nicht hilft, verhungert sie. Dabei müsste sie bloß »paradox handeln«, nämlich sich umdrehen, und *vom Futter weg* marschieren, um aus dem Käfig zu gelangen und im Halbkreis außen herum ungehindert zum Futternapf zu kommen.

Die Henne hat keinen Zugang zu dieser Erkenntnis. Bedauerlicherweise verfangen sich Menschen trotz ihres wesentlich umfassenderen Erkenntnishorizontes in einem ähnlichen »Kopf-durch-die-Wand-Wollen«. Deswegen lautet die Belehrung des Mullahs aus der Geschichte: »Handle, als wärest Du mit dem Gegenteil Deines verbissenen Wunsches einverstanden!« Konkret: »Schiebe den Arm in den Krug hinein! Öffne die Hand! Lasse die Nüsse aus!« Und: »Das Wertvolle wird sich Dir schon gewähren!« Konkret:

»Die Nüsse fallen von selbst aus dem umgedrehten Krug heraus, sie fallen – Dir zu!«

Ich denke an eine Patientin, 41 Jahre alt, brustamputiert. Bei der psychotherapeutischen Nachsorge breitete sie ihren »Lebenskummer« vor mir aus: Sie wollte einen Mann. Bereits als junges Mädchen hatte sie vorwiegend Liebesromane verschlungen. Immer hatte sie sich nach einer romantischen Beziehung mit Zärtlichkeit, Treueschwur und prickelnder Zweisamkeit gesehnt. Aber der Richtige war nicht aufgetaucht. Jahrzehnte waren mit enttäuschenden Fehlschlägen vergangen. Doch plötzlich hatte sich wie ein Wunder die ersehnte Romanze angebahnt; mit R., einem Versicherungsvertreter. Und da, ausgerechnet, als ihr das Glück endlich hold schien, hatte das Schicksal in Form der Krebsdiagnose zugeschlagen. In der Mitte des Lebens mussten ihr beide Brüste abgenommen werden.

Wie verhielt sich R. daraufhin? Unsicher, zögernd, reserviert. Das ertrug sie nicht. Sie bombardierte ihn mit Briefen und Telefonanrufen, beschwor frühere schöne Stunden mit ihm und beklagte ihr Elend. Er ging auf Distanz. Ihre Vorwürfe, dass er sie zu selten besuche, bewirkten zunehmend seltenere Besuche von ihm. Ihre Vorwürfe, dass er sie nicht verstehe, bewirkten immer geringeres Verständnis seinerseits. Die »Falle« schnappte zu.

Als die Patientin bei mir die Geschichte von Peseschkian las, rief sie empört aus: »Was wollen Sie damit andeuten? Soll ich R. aufgeben? Soll ich auf mein Glück verzichten? Steht mir keine Liebe mehr zu?« »Haben Sie die Geschichte zu Ende gelesen?« fragte ich zurück. Sie vertiefte sich nochmals in die Zeilen. Es entstand eine Schweigepause. Ruhiger geworden wandte sie sich an mich. »Was raten Sie mir denn?« »Was wäre das pure Gegenteil von dem, was Sie sich wünschen?« Ihre Antwort kam prompt. »Dass R. sich eine andere, hübsche, gesunde Frau sucht, und ich wieder allein bin.« »Vielleicht sollten Sie ihm exakt dies anbieten«, erwog ich laut, »zumindest ihn freigeben für eine eventuelle neue Partnerschaft, wenn er möchte.« »Und ich? Wo bleibe ich?«

Tiefes Mitgefühl mit der Frau überkam mich, doch das nützte ihr nichts. Einzig ein Loslassen konnte sie befrieden. Deswegen argumentierte ich weiter: »Wenn R. bloß unter Druck zu Ihnen hält, haben Sie ihn längst verloren. Wenn Sie ihn an sich zu ketten versuchen, indem Sie ihm ein schlechtes Gewissen einsuggerieren, werden Sie ihn garantiert vertreiben. Wenn Sie ihm aber ehrlich und aufrichtig anheimstellen, seine künftigen Entscheidungen gemäß seinen wahren Neigungen zu treffen, werden Sie auf jeden Fall profitieren. Statt einem ständigen qualvollen Bangen, ob er bleibt oder geht, wird entweder ein freundschaftlicher Abschied möglich werden, oder ein behutsamer Neubeginn.« »Einen Abschied halte ich nicht aus«, jammerte die Patientin. »Oh doch«, erwiderte ich, »Sie stehen auf eigenen Beinen. Sie sind nicht abhängig davon, ob irgendein Mann sie umschwärmt oder nicht. Es wird höchste Zeit, dass Sie sich auf Ihre vorhandenen Kräfte besinnen.« Ich zeigte auf die Geschichte. »Das Leben bietet eine Fülle sinnvoller Chancen. Für jeden. Für Paare wie für Alleinstehende, für Gesunde wie Kranke. Nüsse wachsen vielerorts. Nur: Die Hand muss aus dem Krug! Sonst können Sie nirgends mehr Nüsse aufsammeln!«

Schweren Herzens befolgte die Patientin meinen Rat. Nach einer »durchwachsenen« Übergangsphase erwies sich die Liebe R.s zu ihr als tragend.

Soweit die Belehrung aus der Geschichte. Ihr Versprechen überflügelt sie gar noch an Heilsamkeit. Ein Mensch beißt sich irgendwo fest. Bleibt stecken. Müht sich umsonst. Ruft seine Mitmenschen zu Hilfe. Diese schauen interessiert zu. Ein Muster, das jeder kennt ... Und dann das Versprechen: Einer ist da, der hilft. Sei gewiss! Einer, der dich erlöst. Wer Er ist? Ein Nachbar? Ein Zauberer? Egal, in welcher Gestalt, Er ist da und hilft.

## 5. Die seidenen Kissen (Nossrat Peseschkian): [29]

*Ein Kalif lag sterbenskrank in seinen seidenen Kissen. Die Ärzte seines Landes standen um ihn herum und waren sich einig darüber, dass nur eines dem Kalifen Heilung und Rettung bringen könne: das Hemd eines glücklichen Menschen, das dem Kalifen unter den Kopf gelegt werden müsse. Boten schwärmten aus und suchten in jeder Stadt, in jedem Dorf und in jeder Hütte nach einem glücklichen Menschen. Doch alle, die sie nach ihrem Glück fragten, hatten nur Sorgen und Kummer. Endlich trafen die Boten einen Hirten, der lachend und singend seine Herde bewachte. Ob er glücklich sei? »Ich kann mir niemanden vorstellen, der glücklicher ist als ich«, antwortete der Hirte lachend. »Dann gib uns dein Hemd«, riefen die Boten. Der Hirte aber sagte: »Ich habe keins.«*

*Diese dürftige Botschaft, dass der einzige glückliche Mensch, den die Boten gefunden hatten, kein Hemd besaß, gab dem Kalifen Anlass zum Nachdenken. Drei Tage und Nächte zog er sich in die Einsamkeit zurück. Am vierten Tage schließlich ließ er die seidenen Kissen und seine Edelsteine unter dem Volk verteilen, und wie die Legende erzählt, war der Kalif von diesem Zeitpunkt an wieder gesund und glücklich.*

Diese Parabel setzt die Belehrung der vorhergehenden fort. Glück ist nichts Äußerliches, ist durch Mittel des Habens (Hemd-Habens) nicht beschaffbar, ist vielmehr ein Innerliches, dem Sein des Menschen Beigemengtes. Das Sinnbild des glücklichen Menschen ist »nackt«.

Dass hier keine Glorifizierung der Armut gemeint ist, drückt die Symbolik in der Figur des Hirten aus, der einen Arbeitsplatz, vielleicht sogar eine Schafzucht besitzt. Er hat eine Aufgabe, der er »lachend und singend« dient, und die ihm seinen Lebensunterhalt sichert. Das Entscheidende ist diese reine Freude an seiner Aufgabe, die Hingabe an den Dienst, den er verrichtet, und das Sonst-nichts-Brauchen in Bescheidenheit.

Kontrastierend dazu liegt der reiche Kalif sterbenskrank in seinen seidenen Kissen. Die helfen ihm nicht, und auch seine Edelsteine und Untergebenen nützen ihm wenig. Revitalisierung kann nur von innen heraus geschehen. Und tatsächlich geschieht sie. Aber wie? Auf die Art, wie sie am besten geschieht, nämlich über die Schritte: Nachdenken, still werden, Ballast abwerfen, ein Liebeswerk tun.

Ich denke an eine Patientin, 35 Jahre alt, Mutter von vier Kindern. Vor über einem Jahr war sie aus dem »Ehegefängnis« ausgebrochen, hatte Mann und Kinder verlassen und war Hals über Kopf zu einem amerikanischen Professor in die USA gezogen. Ein Liebesleben wie mit ihm (»Between us is a good chemistry« – die Chemie zwischen uns stimmt!) hätte sie in ihrem bisherigen »farblosen« Dasein nie erfahren; den Luxus, den er ihr zu bieten vermochte, nie gekannt. Der Professor verwöhnte sie mit Garderobe und Reisen und entband sie von sämtlichen Haushaltspflichten. Trotzdem wurde sie mit der Zeit immer trauriger. Sie verstand sich selbst und die Welt nicht mehr, und schluckte auf Anraten der zugezogenen amerikanischen Ärzte Antidepressiva. Sie hätte so viel durchgemacht, hieß es, dass ihre seelischen Wunden noch nicht vernarbt seien. Diese schienen jedoch ständig größer zu werden statt abzuheilen.

Der Professor wusste keinen Rat mehr und griff zum letzten Hilfsmittel, das ihm einfiel: Er buchte eine gemeinsame Europareise. »Vielleicht hat sie Heimweh und muss wieder einmal vertraute Gegenden sehen und vertraute Sprachklänge hören«, dachte er. Da die vertraute Gegend der Patientin in meiner Nähe liegt, und ihre Depression in der Heimat entgegen den Erwartungen noch stärker wurde, kam sie zu mir. Ich erschrak über die hohe Dosis Antidepressiva, die ihr verschrieben worden war, und fragte mich, ob nicht ein ganz anderes Problem der Sachlage zugrunde läge. Ein Satz genügte, um meinen Verdacht zu erhärten: »Haben Sie Nachricht von Ihren Kindern, wissen Sie, wie es denen geht?« Die Schleusen gingen auf und das Schluchzen wollte nicht enden. Eine Fortsetzung des Gesprächs war unmöglich. Ich gab ihr die Geschichte von Peseschkian mit und bat sie, sich (dem Kalifen gleich) drei Tage und Nächte in meditative Stille zurückzuziehen, um mir am vierten Tag das Ergebnis ihres Nachdenkens mitzuteilen.

Am vierten Tag besuchten mich beide, der Professor und sie. Die Frau hatte dunkle Ringe unter den Augen, dennoch wirkte sie gefasst. »Ich habe mich entschlossen, zu meinen Kindern zurückzukehren«, sagte sie. »Sie sind im Alter zwischen 5 und 11 Jahren und brauchen eine Mutter. Mein Mann ist nicht fähig, sie allein zu erziehen, und wechselnde Aushilfen können höchstens eine minimale Versorgung gewährleisten. Ihre Seelen leiden, das spüre ich.« Sie blickte den Professor liebevoll an. »Er hat mich ins Paradies entführt, aber es macht mich krank. Er wäre sogar einverstanden, wenn ich die Kinder mitbrächte, doch würde ein Scheidungsverfahren eine unerträgliche gerichtliche Auseinandersetzung bedeuten, und ich will den Kinder nicht noch mehr Kummer und Verfremdung zumuten. Nein, ich gebe die ›seidenen Kissen‹ wieder ab ...« Der Professor berührte ihre Hand. »In mir hast Du einen guten Freund, was auch kommt, vergiss das nicht«, murmelte er auf Englisch und stand auf. »Soll sie die Medikamente weiterhin nehmen?« wandte er sich beim Abschied an mich. Ich empfahl ein langsames, vorsichtiges Absetzen und eine Kontrolle in drei Wochen.

Nach diesen drei Wochen – der Professor war bereits abgeflogen – konnten wir die Antidepressiva weglassen. Trotz eines unbeschreiblichen Durcheinanders, das die Patientin zu Hause vorgefunden hatte, und trotz einer Menge Schulprobleme, mit der sie knallhart konfrontiert worden war, spielte ein Lächeln um ihre Mundwinkel. »Die Kinder freuen sich unbändig, dass ich wieder da bin«, berichtete sie, »und mein Mann ist mit einer Eheberatung einverstanden. Sie haben mich alle sehr vermisst.« »Vermissen Sie selbst auch etwas?« erkundigte ich mich. Spontan nickte sie, doch dann schüttelte sie langsam den Kopf. »Nein«, sagte sie, »die seidenen Kissen sind wirklich nichts für mich ...«

Was verspricht die Geschichte? Nichts weniger als die »Findbarkeit« des Glücks. Wir wissen, das Glück ist nicht käuflich, nicht produzierbar, schon gar nicht erzwingbar, wie uns der Nusskrug vor Augen geführt hat. Im »Glücksfall« schenkt es sich uns. Trotzdem ist es in seiner zartesten Ausprägung auch »findbar«. Wo? Im schlichten, täglichen, beständigen Ausfüllen des Platzes, auf den man gestellt ist. Im Jasagen, dem lachenden und singenden, »hemdlosen« (= bedingungslosen) Jasagen zu dem, wozu man gerufen ist.

### 6. Die Kellnerin (Anthony de Mello): [30]

*Eine Familie ließ sich zum Essen in einem Restaurant nieder. Die Kellnerin nahm zunächst die Bestellungen der Erwachsenen auf und wandte sich dann dem Siebenjährigen zu. »Was möchtest du essen?« fragte sie. Der Junge blickte schüchtern in die Runde und sagte dann: »Ich möchte gern einen Hot Dog.« Noch bevor die Kellnerin die Bestellung aufschreiben konnte, unterbrach die Mutter: »Keine Hot Dogs; bringen Sie ihm ein Steak mit Kartoffelbrei und Karotten.« Die Kellnerin überhörte sie. »Möchtest du Ketchup oder Senf auf Deinem Hot Dog?« fragte sie den Jungen. »Ketchup.« »In einer Minute bekommst du ihn«, antwortete die Bedienung und ging zur Küche.*

*Alle schwiegen fassungslos, als sie weg war. Da sah der Junge die Anwesenden an und sagte: »Wisst Ihr was? Sie denkt, ich bin wirklich!«*

Was der Text lehrt, ist essentiell. Immer kommt es auf den Einzelnen an: in der menschlichen Gesellschaft, in der politischen, beruflichen oder religiösen Gemeinschaft, und selbstverständlich auch in der Familie. Der Einzelne entscheidet über alles, was von ihm ausströmt und ausstrahlt, und das durchaus nicht automatisch als Folge und Reaktion auf die »Einströmungen« und »Einstrahlungen« aus seiner Umgebung auf ihn selbst. Nein, nichts geschieht ohne eine Zone seiner Geistigkeit, Freiheit und Verantwortlichkeit zu passieren und dort mit seiner eigenen personalen Zutat angereichert zu werden. So ist es denn der Einzelne, der es auf wunderbare Weise möglich macht oder auf leichtfertige Weise verdirbt, dass Missionen ausgeführt werden und Humanität ein Stück weit zur Umsetzung gelangt.

Definiert man Erziehung als eine humanitäre Mission, was man durchaus kann, ist es wiederum die einzelne Erziehungsperson, von der alles abhängt, im Guten wie im Schlechten. In der Geschichte sind es die Mutter und die Kellnerin, die beide Alternativen verkörpern. Wir wollen der Mutter keine böse Absicht zusprechen, allein, ihre Dominanz und Gängelei behindern zweifelsohne die Entwicklung des Jungen zu einem selbstbewussten, »ichstarken« Menschen. Noch spiegeln seine Empfindungen wider, was ihm entgegengebracht wird: Wird er nicht ernst genommen, nimmt er sich selbst nicht ernst, wird er nicht beachtet, beachtet er sich selbst nicht. Das wird sich mit seiner geistigen Reifung ändern, kann ihm jedoch lange nachhängen.

Die Kellnerin repräsentiert die Korrektur des Erziehungsfehlverhaltens. Sie spannt den Raum auf, in dem sich Entwicklung entfalten kann. Dabei geht es nicht um Wunschbefriedigung – obwohl das irrtümlich aus dem Text herausgelesen werden könnte –, sondern um die Weite eigenverantworteter Wahl statt der Enge fremdbestimmten Gehorsams. Es geht um die Chance, man selbst sein und werden zu dürfen. Indem die Kellnerin das Hindernis überhört, hört der Junge – vielleicht zum ersten Mal – die eigene Stimme in sich.

Ich denke an einen 50-jährigen verwitweten Patienten. Seiner Erzählung nach ist er lebenslang »unterm Pantoffel gestanden«. Zuerst hatte er unter einer herrschsüchtigen Mutter gelitten, später hatte er just eine Frau ähnlichen Charakters geehelicht, und war von ihr unterdrückt worden. Noch vom Krankenbett aus hätte sie ihn herumkommandiert. – Warum er nie aufbegehrt habe? Es sei ihm eben in Fleisch und Blut übergegangen, sich dem Willen der Frauen zu beugen. Dann sei er durch den Tod seiner Frau von dieser Tortur befreit? Oberflächlich betrachtet, ja, meinte der Patient. Und tiefer betrachtet? Er zögerte. »Ich weiß nicht, was ich selber will«, gestand er. »Es klingt lächerlich, aber mir wäre fast lieber, jemand würde mir wieder ein festes Programm vorschreiben.

In der Arbeit weiß ich, was ich zu tun habe, aber daheim raffe ich mich zu gar nichts auf. Wozu auch? Es gibt niemanden mehr, der etwas von mir braucht.«

Ich ließ ihn de Mellos Text lesen, der ihn sehr erheiterte. »Das ist meine Mutter, wie sie leibt und lebt!« rief er aus. »Immer wusste sie alles besser! Nie durfte ich meinen Willen haben! Sie ist schuld, dass ich so unsicher und unselbständig geworden bin!« »Eigentlich wollte ich mit Ihnen über die Kellnerin reden«, entgegnete ich. Der Patient war verblüfft. »Welche Kellnerin?« »Die Kellnerin in Ihrer Lebensgeschichte.« »Ich verstehe nicht.« »Es muss sie auch gegeben haben. Irgendwann und irgendwo«, erklärte ich ihm. »Erinnern Sie sich! Bei welcher Gelegenheit ist Ihnen die Chance geboten worden, sich selber deutlich zu spüren und ihr ureigenes Anliegen wahrzunehmen?« Der Patient vermochte nicht zu antworten, weshalb ich ihn mit der Bitte entließ, darüber nachzusinnen.

Beim nächsten Gespräch berichtete er schmunzelnd, dass er die »Kellnerin« entdeckt habe. Sie war sogar weiblichen Geschlechts: eine ehemalige Lehrerin in der höheren Handelsschule. Er hatte damals das Fach Buchhaltung nicht gemocht, und sie hatte ihn kein bisschen getadelt. Sie hatte bloß darauf Wert gelegt, zu erfahren, was er *mochte*. Im persönlichen Kontakt hatte er es gewagt, ihr sein Interesse an der Jurisprudenz anzuvertrauen, mit dem Resultat, dass es ihr gelungen war, seinen Eltern eine Laufbahn des Sohnes als Steuer- und Rechtsberater schmackhaft zu machen. Er verdankte ihr viel, hatte aber – wie es oft ist – (nicht die Besserwisserei der Mutter, sondern) die Weisheit der alten Lehrerin vergessen gehabt.

»Nachdem die ›Kellnerin‹ wieder in Ihrem Bewusstsein ist, empfehle ich Ihnen, von Zeit zu Zeit innere Zwiesprache mit ihr zu halten«, spann ich den Faden weiter. »Wenn Sie daheim in Passivität zu versinken drohen, lassen Sie sie in Ihrer Phantasie zur Türe hereinspazieren, und unterhalten Sie sich mit ihr. Sie ist die Person, die aus Ihnen hervorlocken kann, was authentisch Ihres ist: Ihren Willen, Ihre Wünsche, Ihre Ziele, Ihre Leidenschaft, Ihre Hoffnung, Ihr Bild von dem Mann, der Sie gerne sein möchten.«

Der Patient ließ sich darauf ein. »Eine reizende Idee. Das versuche ich«, sagte er beim Abschied.

Der Versuch lohnte sich. Mit 50 Jahren begann der Mann, »wirklich« zu werden, wirklich – er selbst.

Wir sagten, der Einzelne mache es auf wunderbare Weise möglich oder verderbe es auf leichtfertige Weise, dass Missionen ausgeführt werden und Humanität ein Stück weit zur Umsetzung gelangt. Nun, unter den unzähligen Einzelnen, denen wir im Leben begegnen, sind solche und solche. Keiner von uns wächst nur mit denen heran, die es verderben. Das ist das besondere Versprechen dieser Geschichte. Was eine Mutter, ein Vater, ein Antipädagoge verdirbt, ermöglicht eine Kellnerin, eine alte Lehrerin, ein guter Freund aufs Neue. Wir sollten sie nicht vergessen, jene liebevollen Impulse, die das Leben unabhängig von und zusätzlich zu unserer Kinderstube an uns herangetragen hat und immer wieder trägt.

### 7. Die Insel (Anthony de Mello): [31]

*Der alte Mann hatte den größten Teil seines Lebens auf einer Insel verbracht, die als eine der schönsten der Welt galt. Nun war er zurückgekommen, um nach seiner Pensionierung in der Großstadt zu leben. Jemand sagte zu ihm: »Es muss herrlich gewesen sein, so viele Jahre auf einer Insel zu leben, die zu den Wundern dieser Welt gezählt wird.« Der alte Mann dachte ein wenig nach und meinte dann: »Um ehrlich zu sein, wenn ich gewusst hätte, dass sie so berühmt ist, hätte ich sie mir näher angesehen.«*

Die Belehrung aus der Geschichte ist unüberlesbar: Versäume die Wunder dieser Welt nicht! Würdige sie zu ihrer Stunde, wandle nicht mit geschlossenen Augen dahin, lebe intensiv! Sei dankbar für deine schöne Insel, auf der du mitten im schäumenden Meer existenzieller Unwägbarkeiten einen Hauch von Seligkeit gefunden hast. Wenn du ihre Schönheit erst nach deiner Abreise bemerkst, ist es zu spät.

Ich denke an eine Ordensfrau, 58 Jahre alt und voller Bitterkeit. Rund 30 Jahre war sie im Schuldienst gestanden. Ein paar Wochen vor ihrem Jubiläum hatte sie einen Schlaganfall erlitten. Danach war ein Jahr mit Kuren und Rehabilitationsmaßnahmen gefolgt, wodurch sie fast wieder beschwerdefrei geworden war. Sie konnte gehen und sprechen, nur eine allgemeine Verlangsamung war geblieben. Man hatte sie vom Schuldienst entbunden und ihr freigestellt, eine ihr genehme, leichte Tätigkeit im Mutterhaus zu übernehmen, sobald sie sich fit genug dafür fühlte. Auch hatte sie ein großes Zimmer mit Gartenaussicht zugeteilt bekommen, was sie sich schon lange gewünscht hatte.

Was also war das Problem? In meinem Beruf vermag man gut zuzuhören, aber all mein empathisch-aufmerksames Hören förderte es nicht zutage. Schließlich fragte ich sie direkt danach und erntete massive Kritik. »Wie können Sie so fragen? Ist ein Schlaganfall ein Kinderspiel? Mein ganzes Leben ist ruiniert! Ich bin nicht mehr die Alte. Ich tauge zu nichts mehr! Von der Schule bin ich auch weg. Tisch decken, Pfortendienst, Blumenpflege hat man mir vorgeschlagen – es ist ein Jammer! Besser wäre ich gleich gestorben. Die Mitschwestern sagen, ich sähe gut aus, solle mich nur etwas schonen und erholen – dieses beschwichtigende Getue geht mir auf die Nerven! Und was nützt mir das große Zimmer, wenn ich darin hocke wie ein ausrangiertes altes Möbel am Speicher?«

Nach diesem Protestausbruch war die Diagnose klar. Die Patientin, eine vom Naturell her Energie sprühende, hochaktive Frau, war seit geraumer Zeit unterfordert und kraft dessen in eine »noogene Depression«[32] gerutscht. Das Leben schmeckte ihr fade; ohne entsprechende Herausforderungen und gelegentliche Bewährungsproben hatte es an Würze eingebüßt. Ihrer noogenen Depression mochte zusätzlich eine minimale organische Depression unterliegen, wie sie durch Gehirnblutungen oft ausgelöst wird, doch im Vordergrund stand die geistige Frustration des Unausgefüllt- und Überflüssigseins ihres auf »Schonbetrieb« zurückgeschalteten Ruhestandes.

Ich ließ sie die Geschichte von de Mello lesen und erntete abermals Kritik. »Wenn Sie mich mit dem alten Mann vergleichen wollen, greifen Sie daneben!« äußerte sich die Patientin. »Ich habe mir meine Insel 30 Jahre lang gut angeschaut und habe sämtliche Höhen und Tiefen des Lehrerberufs ausgekostet. Trotz der gesellschaftlichen Umbrüche, die speziell die Schulsituation extrem verändert und erschwert haben, war es eine schöne und fruchtbare Zeit.« »Ich weiß«, antwortete ich, »aber diese Insel meine ich nicht. Ich meine die Insel, auf der Sie jetzt leben. Meine Sorge ist, dass Sie, wenn Sie sie einmal verlassen müssen, zurückdenkend sagen könnten: ›Vielleicht hätte ich sie mir doch näher anschauen sollen ...‹«

»Meine jetzige Insel?« Die Patientin war verblüfft. »Lebe ich überhaupt auf einer?« »Oh ja«, bestätigte ich ihr, »sie zählt zu den Wundern dieser Welt. Millionen Frauen sterben vor Ihrem Alter. Millionen haben Hunger und kein Dach über dem Kopf. Millionen haben nie eine befriedigende berufliche Tätigkeit ausüben können. Millionen Endfünfzigerinnen sind einsam und ohne wesentliche Hilfe. Zigtausende überleben einen Schlaganfall nicht, weitere Zigtausende überleben mit einer therapieresistenten Behinderung bzw. Lähmung danach. Aber Ihre prächtige Insel liegt fernab dieser ungeheuren Menge leidender Menschen gleichen Alters und gleichen Geschlechts, die dieselbe Erde bewohnen und eine ähnliche Krankengeschichte aufweisen wie Sie. Wenn das keine besondere Insel ist! Und sie ist voller Geheimnisse! Auf ihr ist Raum für Bewegung, Geborgenheit im Mitschwesterlichen, Freiheit für neue Lebensdesigns. Da Sie erst seit kurzem zu ihr übergeschifft sind, haben Sie sie noch nicht erforscht. An Ihrer Stelle würde ich das tun: sie auf das Genaueste erkunden, bis in die letzten Winkel hinein, um ihre attraktivsten Seiten und schönsten Ausblicke kennen zu lernen.«

»Darf ich mir die Geschichte mitnehmen?« fragte die Patientin mit einer Stimme, aus der jede Protesthaltung gewichen war. »Damit ich an keinem Tag vergesse, mir das Wunder näher anzusehen, das an mir gewirkt worden ist.« »Gerne«, sagte ich und machte für sie eine Kopie. So kam es, dass die Ordensfrau in einem Winkel ihrer »Postschlaganfallinsel« eine Aufgabe fand, die ihr wie auf den Leib (oder besser auf die Seele) geschneidert war. Sie übernahm es, historische Daten zu sammeln und daraus eine umfassende Chronik des Ordens zu verfassen – eine akribische und, was Allgemeinbildung betrifft, aufwendige Arbeit, wie sie hervorragend von einer in Geduld geübten und dennoch energiegeladenen ehemaligen Schulleiterin bewältigt werden konnte.

Ob diese Geschichte neben der tief gehenden Belehrung auch ein Versprechen enthält? Ich glaube schon, nur fürchte ich, dass es eine Nuance weniger tröstlich ist als die vorherigen. »Einmal werdet Ihr verstehen«, könnte uns versprochen sein, »und sei es am Ende eures Lebens, wie viele Wunder den Boden eurer Existenz aufgespannt haben, auf dem ihr epochenlang achtlos dahingeschritten seid.« Vielleicht liegt die Gnade eben darin, am Ende zu verstehen, statt nie.

## 8. Der Brand (Léon-Joseph Suenens): [33]

*Eines Nachts bricht in einem Haus ein Brand aus. Während die Flammen hervorschießen, stürzen Eltern und Kinder aus dem Haus. Entsetzt sehen sie dem Schauspiel dieses Brandes zu. Plötzlich bemerken sie, dass der Jüngste fehlt, ein fünfjähriger Junge, der sich im Augenblick der Flucht vor Rauch und Flammen gefürchtet hat und in den oberen Stock geklettert ist. Man schaut einander an. Keine Möglichkeit, sich in etwas hineinzuwagen, das immer mehr zu einem Glutofen wird.*

*Da öffnet sich oben ein Fenster. Das Kind ruft um Hilfe. Sein Vater sieht es und schreit ihm zu: »Spring!« Das Kind sieht nur Rauch und Flammen. Es hört aber die Stimme des Vaters und antwortet: »Vater, ich sehe dich nicht!« Der Vater ruft zurück: »Aber ich sehe dich, und das genügt. Spring!« Das Kind springt und findet sich heil und gesund in den Armen seines Vaters, der es aufgefangen hat.*

Der Hilferuf einer Person ist die Ingangsetzung aller Barmherzigkeit. Er ist zugleich die Startbedingung jeder ärztlich-therapeutisch-psychologischen Intervention. Allerdings artikuliert er sich nicht immer über die Stimmbänder. Auch körperliche und seelische Symptome können Hilferufe sein, oder unpassende, abnorme, aggressive, kurz: »verrückte« Verhaltensweisen.

Die Möglichkeiten der Mitwelt, an die der Ruf adressiert ist, oszillieren in großer Bandbreite zwischen Ohnmächtigkeit und Rettungsmacht. Am häufigsten kommt wohl die Kombination von beidem vor: Die Mitwelt kann zwar etwas zur Bergung und Beschützung des Hilfsbedürftigen tun, andererseits muss der Hilfsbedürftige selbst seinen Teil beitragen, den ihm niemand abnehmen kann. Diese Kombination ist charakteristisch für ärztliche Hilfeleistungen, die auf den gesunden Lebensstil des Patienten und generell auf dessen Lebenswillen angewiesen sind; und ebenso für psychotherapeutische Interventionen, die sogar noch stärker die Kooperation und »Bekehrungsbereitschaft« des Patienten benötigen. Ohne Eigenbeitrag – im Sinne von Selbsterziehung, Selbstüberwindung, Selbstkorrektur etc. – ist körperliche und seelische Gesundung nicht zu erzielen.

Die Geschichte gibt sehr anschaulich über diese Wechselbedingung Auskunft. Der Vater ist angesichts der Verbrennungsgefahr seines Sohnes weder ganz ohnmächtig, noch ganz rettungsfähig. Er kann den Jungen mit seinen starken Armen auffangen, aber nicht aus dem Glutofen holen. Der Junge muss springen. Das ist sein zu erbringender Teil. Und er muss *zuerst* springen, ehe der Vater ihn auffangen kann. Er muss einen Vertrauensvorschuss leisten, ohne den ihn der Glutofen verschlingen wird. In Reaktion auf den Hilferuf des Jungen kommt also die Instruktion über dessen Eigenbeitrag zur Rettung zurück, komprimiert in dem Wort »Spring«.

Damit wäre die Hilfsaktion auch schon gelaufen, wenn sich nicht ein Hindernis zwischen die Instruktion und ihr Befolgen schieben würde. Wie gut kennen wir das Hindernis aus der ärztlich-psychotherapeutischen Praxis! Es hat eine emotionale und eine kognitive Seite. Emotional bläht es die Angst des Betreffenden auf. Kognitiv windet es eine Binde um dessen Augen. Zitternd und mit Blindheit geschlagen, zögert der Hilfsbedürftige, die Instruktion zu befolgen, und gibt sich dem Untergang preis. In der Geschichte klingt die Angst des Kindes indirekt an, während sein eingeschränktes Sehfeld direkt genannt wird: Es sieht nur Rauch und Flammen. Wen erinnert dieses Bild nicht an leidende Menschen aller Art, die auch nur noch »Rauch und Flammen« ringsum wahrnehmen? Hier, am äußerst sensitiven Wendepunkt, an dem das Leben auf der Kippe steht, blendet sich nun die Belehrung der Geschichte ein mit einem Schwenk in die Metaebene: »Wenn du nichts mehr siehst – Einer sieht dich, das genügt. Wenn du niemanden mehr liebst – Einer liebt dich, das genügt. Wenn du gar nichts mehr glaubst – Einer glaubt an dich, das genügt. Spring – trotz Angst und Blindheit – hinein ins Urvertrauen!«

Ich denke an eine 29jährige Patientin in einer Glaubenskrise. »Ich gehe in die Kirche«, berichtete sie, »und spüre keine Resonanz in mir. Die alten liturgischen Riten sind für mich wie sinnentleert. Ich gehe wieder hinaus und suche das übergeordnete energetische Prinzip in den Baumwipfeln, in den Wolken, in den Sternen ... und finde keinen Bezug dazu. Energie, Kraft, Urknall ... das alles ist mir zu abstrakt. Der Altvater mit dem langen Bart, der Sohn am Kreuz sind mir zu vermenschlicht, ich kann nicht mehr beten! Das fehlt mir. Zu wem soll ich beten, was anbeten? Kirchen sind Steingebäude. Baumwipfel, Wolken und Sterne, sind was sie sind, ich sehe nichts dahinter.« »Möchten Sie sich vielleicht mit einem Seelsorger besprechen?« fragte ich die Patientin in der Absicht, sie an eine gute Stelle weiterzuverweisen. »Nein«, wehrte sie ab, »es gibt einen psychologischen Hintergrund für meine Zweifel. Ich stamme aus dem Osten. Zur Zeit des Kommunismus war die Kirche für mich der festeste Halt im inneren Widerstand gegen den Marxismus. Seit es keinen solchen Widerstand mehr braucht, habe ich offenbar auch den Halt verloren ...«

»Ich kenne eine kleine Geschichte, die für Sie geeignet sein könnte«, startete ich meinen Versuch, ihr zu helfen, und ließ sie den obigen Text lesen. Sie war davon berührt. »Sie meinen, ich soll auch irgendwie vertrauen? Aber wie und wem?« »Für eine konkrete Empfehlung muss ich mehr von Ihnen wissen«, erwiderte ich und bat sie, mir von ihrem Lebensrhythmus zu erzählen. Sie war eine intelligente, fleißige Frau, die tagsüber in einem Büro arbeitete und abends für einen Fernkurs studierte, um einen höheren Bildungsabschluss nachzuholen. Vor Mitternacht kam sie kaum zum Schlafen, zumal sie vom Bett aus noch gern ein wenig fernsah. »Ihr Tag endet also mit dem Auslöschen der Nachttischlampe neben Ihrem Bett?« fragte ich, und sie bejahte. Daraufhin erarbeiteten wir miteinander eine therapeutische Denkfigur. Jedesmal wenn sie ihre Nachttischlampe ausknipste, sollte sie (sich?) sagen: »Ich mache mein Zimmer jetzt dunkel – und Du machst meine Seele hell!« Wobei die Anrede »Du« einfach stellvertretend für das Namenlos-Numinose gelten sollte, für das ihr die Vokabel fehlte.«

Die Patientin versprach, den erarbeiteten Satz täglich in ihren Schlaf mit hineingleiten zu lassen. Tatsächlich sank er dort tiefer und tiefer in sie ein und wurde zum innigen Gebet. Sie, die nicht mehr hatte beten können, erlebte sich bald wieder durchlichtet von Seiner Gegenwart. Sie war blind gesprungen, und der Vater hat sie aufgefangen.

Das Versprechen der Geschichte knüpft nahtlos an diese Fallskizze an: »Wenn Du einmal gar keinen Ausweg mehr siehst, vergiss nicht: *Du wirst gesehen*. Und das genügt.«

# Wege aus der Angst

Nicht warum, sondern worum wir
uns Sorgen machen, entscheidet

Die Logotherapie Viktor E. Frankls hat sich von einer »axiomatischen Achse« der traditionell-herkömmlichen Psychotherapie verabschiedet und eine andere dafür neu errichtet.

*Zum Verabschiedeten*

Sie geht nicht von selbsttätigen Seelenmechanismen aus, die im Menschen krank machend wirken und ihn wie eine Schraube immer tiefer in seine Krankheit hineindrehen. Und zwar ohne sein Zutun, sein Wissen und seine Verantwortung. Mechanismen, die eine oder mehrere Ursachen (Traumatisierungen, Fehlkonditionierungen ...) und eine oder mehrere Folgen (Neurotisierungen, Depressionen ...) haben, und dazwischen angesiedelt sind als die automatischen Umwandler des einen in das andere. Ein solches Konzept »unbewusster Zeitbomben«, die im Gefühlsleben geschädigter Menschen ticken würden, hat die Logotherapie fallen gelassen.

*Zum Neuerrichteten*

Sie geht von einem heilen, transmorbiden Personenkern (der »geistigen Dimension«) im Menschen aus, der sich selbsttätig immer wieder äußert und in Verdichtungen (Gewissen, Sinnsuche, ethisch/religiösen Fragen ...) zum Vorschein kommt. In ihm vereinen sich zwei Spezifika: das spezifisch Humane – in Abgrenzung zu den nichtmenschlichen Lebewesen, und das Personale – in Abgrenzung zu den anderen Menschen.

*Das spezifisch Humane* lässt – wenn auch in schrecklicher Kurzsichtigkeit und doch ahnungsvoller Vorwissenheit – über den Zaun des Nichthumanen hinausblicken. Draußen dehnt sich in unendlicher Weite die Sinn- und Werthaftigkeit der Schöpfung aus. Die verschlungenen Muster des Schönen, Wahren und Guten kristallisieren sich zu Vorboten einer fernen Überwelt, in der alle Unbegreiflichkeiten dieser Erde ihre Auflösung finden mögen. Allein, nur das Nahe, Vorbotenmäßige präsentiert sich dem menschlichen Blick, doch immerhin als transsubjektive und transkonstruktive Realität in Form eigener Werte, eben des »je Seinigen«. Nur Menschen sind imstande, etwa das Naturkunstwerk eines verästelten Baumes, die anmutige Grandezza einer antiken Skulptur, die Genialität einer wissenschaftlichen Entdeckung oder die soziale Leistung eines hilfsbereiten Samariters um ihrer selbst willen zu schätzen.

*Das Personale* wiederum verknüpft diesen Blick über den Zaun mit handfesten Fakten aus dem Individualleben und trifft angesichts von beidem Entscheidungen von Tragweite. Wobei Viktor E. Frankl nicht wie Abraham Maslow eine »von ihrer biologischen Ausstattung her gute Natur des Menschen« postuliert, mit entsprechender Selbstverwirklichung bei ungestörtem Wachstum, sondern eine »von der geistigen Ausstattung her eröffnete Freiheit des Menschen«, mit entsprechender Selbstverantwortung bei normaler Entwicklung. Im Personalen kondensiert sich das »je Meinige«, alles, was mich ausmacht und von mir abhängt; meine Einzigartigkeit und Einmaligkeit, mein Wirken und meine Würde.

Demzufolge ist auch in der neu errichteten »axiomatischen Achse« der Logotherapie eine Instanz angedacht, die im Menschen »tickt«. Zwar keine unbewusste Zeitbombe, die zur Seelenkrankheit explodieren kann, aber ein in ahnungsvollem Vorwissen Aufgerufensein, das Leben in Freiheit wertfördernd mitzugestalten. Wer sich dem verweigert, zieht sich quasi »vor den Zaun« zurück und riskiert in Veruntreuung seines Menschentums und seiner Personalität den Verlust seelischer Gesundheit.

Noch Ende der 80er Jahre wurde man im Kollegenkreis bespöttelt, wenn man Patienten mit psychischen Defekten eine gewisse Eigenbeteiligung an ihren Problemen zumutete. Das Hirngespinst der »Ein-für-allemal-Kindheitsprägung« im Negativen war noch nicht ausgestanden. Inzwischen haben Longitudinalforschungen Viktor E. Frankls Thesen bestätigt. Beispielsweise brachte die Säuglingsforschung Mitte der 90er Jahre an den Tag, wie autonom und kreativ Babys bereits sind. Hilarion Petzold aus dem internationalen Forscherteam schrieb dazu[34]:

*Die Psychoanalytiker müssen umdenken und ihr Menschenbild revidieren ... Babys sind unglaublich flexibel, mit großen reversiblen Ressourcen ausgestattet, hochkommunikativ vom ersten Tag an. Sie verfügen über protektive Fähigkeiten, können sich in vielen Bereichen selbständig schützen ... Theoreme von »frühen Störungen« müssen überprüft werden, weil sich immer differenzierter herausstellt, dass frühe Traumen oder Defizite keineswegs direkt neurotische oder psychotische Störungen nach sich ziehen. Hier scheint es eine ähnliche Entwicklung wie in der Medizin zu geben: Die Experten begannen sich zu wundern, warum so viele Menschen gesund sind, es ohne Hilfe auch bleiben oder wieder werden ...*

*Gerade bei Studien, die sich über Jahre hinziehen, wird deutlich, dass Menschen sich erstens ständig entwickeln (und keineswegs mit dem Abschluss der Trotzphase für die nächsten 70 Jahre in ihren Möglichkeiten festgelegt sind), und dass sie zweitens »makers of their own development« sind, also ihr Schicksal sehr viel stärker zu formen in der Lage sind, als manchem behagt ... Die ideologische Fixierung vom Festgelegtsein schwirrt nicht nur in den Köpfen von Therapeuten herum, sondern ist auch im Gejammere 50jähriger Menschen wahrzunehmen, die ihren alten Eltern immer noch Vorwürfe machen und nicht merken, dass sie selbst es sind, die sich blockieren.*

Fragen wir, wie eine Psychotherapie konzipiert sein kann, die – wie die Logotherapie – von kausal-traumatischen Krankheitsursachen abgerückt ist, und stattdessen einen heilen, transmorbiden Personenkern postuliert, in dem das Moment der Freiheit und Sinnerkenntnis aufscheint; aufscheint freilich inklusive der Möglichkeit personaler Verweigerung und Selbstblockade. Wo und wie setzt eine solche Psychotherapie an? Eine Antwort, die Viktor E. Frankl 1949 in Bezug auf seine Lehre gab,[35] gilt heute mehr denn je:

*Man wird einwenden, dass die Logotherapie eine bloß symptomatische oder palliative Therapie darstelle, aber keine kausale. Nun ist jedoch das genaue Gegenteil zutreffend. Bedenken wir doch bloß, was wir ausgesagt haben: Die psychophysische Anlage und, neben der vitalen Anlage, die soziale Lage machen mitsammen die naturale Stellung eines Menschen aus; sie aber ist nicht das letztlich Entscheidende. Letztlich entscheidend ist vielmehr die geistige Person – die personale Einstellung zur naturalen Stellung. Wo es aber um eine Einstellung geht, ist allemal auch eine existentielle Umstellung möglich. Auf sie arbeitet die Logotherapie nun wesentlich hin. Damit jedoch wendet sie sich zwar nicht an die ersten Ursachen, dafür aber an die letzte Ursache des Leidens. Sie kümmert sich nicht um die uneigentlichen Ursachen, nämlich nicht um die Bedingungen, um die »conditiones«, sondern um die eigentliche Ursache, um die wahre »causa« eines Leidens. Diese wahre »causa« ist jedoch in der – zu allen (inneren wie äußeren) »conditiones« – stellungnehmenden Person des Kranken gelegen, und an sie als an die letzte Instanz, die das letzte, das entscheidende Wort hat, rekurriert und appelliert ja die Logotherapie. So zeigt sich denn, dass gerade die Logotherapie in gewissem Sinne sogar schlechterdings »die« kausale Therapie darstellt – nämlich jene Therapie, die allein die letzte und wahre »causa« in ihren Wirkungsbereich einbezieht.*

Die Antwort Frankls ist unmissverständlich: Der Therapeut hat sich an die letzte, die entscheidende Instanz im Patienten zu wenden. Er soll, wenn er Erfolg haben will, eine »existentielle Umstellung« des Patienten erreichen. Denn: Die wahre »causa« des Leidens steht zur Disposition ... Hier bewegen wir uns vom tradierten Krankheitsmodell der allgemeinen Psychotherapie weg. Nicht Gesundung, sondern Heilung von innen heraus ist angepeilt, und nicht Aufarbeitung, sondern Weiter-Bildung im besten Wortsinn ist gefragt. Die Grenze zur Pädagogik wird überschritten. Diese Ansicht teilt auch Winfried Böhm, der 1991 in einem exzellenten Vortrag im Rahmen der Sektion Pädagogik der Görres-Gesellschaft an der Universität Freiburg behauptete:[36]

*... dass im Augenblick eine ausdrückliche Rückbesinnung auf das Pädagogische der Pädagogik erstaunlicherweise von einem der weltweit am meisten beachteten Therapeuten geleistet wird,*

womit er Viktor E. Frankl meinte. Ganz auf dessen Linie betonte er des Weiteren:

*Wenn die Psychoanalyse vom Selbstwerden des Kindes redet und die Humanistische Psychologie von einem naturhaften Trieb nach Selbstverwirklichung spricht, dann wird dieses »Selbst« nicht minder determiniert verstanden als jenes der behavioristischen Verhaltenstherapie, das Skinner bekanntlich jenseits von Freiheit und Würde angesiedelt hat. Der Unterschied liegt nur darin, dass in einem Falle die Determinierung von innen (der »Natur«) und im anderen Falle von außen (der »Umgebung«, der »Gesellschaft«) erfolgt ... Eine pädagogische Dimension gewinnt der erzieherische Diskurs vielmehr erst dort, wo der Mensch als Autor seiner eigenen Lebensgeschichte begriffen wird, der durch Wahlen und Entscheidungen in geschichtlich-existentiellen Situationen sein Leben und damit sich selbst gestaltet, und zwar indem er mit den in der konkreten Situation gegebenen Möglichkeiten »spielt«: mit jenen, die ihm die Natur gegeben hat, und mit jenen, die ihm die Welt darbietet.*

*... Der Mensch ist nur da wirklich Mensch, wo er sich die Geschichte seines Lebens nicht diktieren oder gar (vor-)schreiben lässt, sondern selber schreibt ... Der pädagogische Begriff der Selbstgestaltung meint also anderes als ein naturhaftes Werden und ein passives Gemächte, nämlich einen permanenten und grundsätzlich unbeendbaren Prozess der Selbsttranszendenz: im Prozess seiner Bildung überschreitet der Mensch fortwährend sich selbst.*

Mit den Worten »Selbstgestaltung« und »Selbsttranszendenz« aus der logotherapeutischen Nomenklatur unterstrich Winfried Böhm seinen Konsens mit Viktor E. Frankl nachdrücklich.

Was heißt das alles praktisch? Nun, dass die Logotherapie etwas ausgesprochen Pädagogisch-Erzieherisches in die Psychotherapie hineingebracht hat. Sie hilft Menschen, die Geschichte ihres Lebens selber zu schreiben. Zu schreiben als gelingender Versuch, in diesem Leben Sinn zu finden, bzw. es unter dem Aspekt der bedingungslosen Sinnträchtigkeit anzunehmen. Nicht zufällig bevorzugt Viktor E. Frankl in seiner Kasuistik den »sokratischen Dialog« als Argumentationsschema. Hat doch auch der antike Lehrmeister Sokrates die Dialoge mit seinen Schülern weniger zu Gesundungs-, als zu Bildungszwecken geführt. Die Schüler sollten »sich« an Hand ihrer eigenen Antworten »bilden«, nachdem zuvor gezielte Fragen die passenden, eben richtigen Antworten aus ihnen hervorgelockt hatten. Ähnlich besteht die Kunst des Logotherapeuten darin, nicht irgendwelche Fragen, sondern »heilsame und sinnkorrespondente Antworten hervorlockende Fragen« zu stellen, die die Patienten zu einer Sich-weiter-und-neu-Bildung in Richtung existentieller Umstellung bewegen. Wobei auf eine Instanz im Menschen gebaut wird, die gewisse Antworten als »in sich stimmig« und nicht bloß »für sich selber oder für den Therapeuten stimmig« erkennen kann, auf Grund jenes eingeborenen Vorwissens aus geistig unbewusster Tiefe.

Das Gesagte soll am unerschöpflichen Thema der Angstbewältigung demonstriert werden.

### *Beispiel I*

*Eine Lehrerin suchte unser Institut auf. Sie bat um Krankschreibung wegen Panik-Anfällen im Schuldienst. Ihre Therapeutin, bei der sie seit fünf Jahren in regelmäßiger Behandlung stand, befand sich auf einer mehrmonatigen Indienreise und konnte ihr nicht dienen. Ich fragte die Patientin, ob es einen akuten Anlass für die gewünschte Krankschreibung gäbe, was sie bejahte. Eine Schülerfahrt nach England stand kurz bevor. Die Patientin war die Englischlehrerin und gleichzeitig die Klassenlehrerin der Schulklasse und sollte die Schülergruppe mitbegleiten. Aus Angst, den Kindern könne unter ihrer Obhut ein Unglück geschehen, tat sie seit Wochen kaum mehr ein Auge zu, verspürte schon morgens beim Aufstehen Übelkeit und konnte sich auf nichts mehr konzentrieren.*

*Sie berichtete, dass sie seit jeher unter dräuenden Vorstellungen gelitten habe. Die Notengebung etwa sei für sie eine ständige Qual. Bei den guten Noten, die sie vergebe, fürchte sie, die Kinder zu wenig zu fordern; und bei den schlechten Noten sähe sie sämtliche häuslichen Katastrophen für die Kinder voraus. Auch habe sie ständig Angst, den Lehrstoff nicht verständlich genug zu vermitteln. Aber so schlimm wie diesmal vor der Englandfahrt sei es noch nie gewesen. In den schlaflosen Nächten male sie sich aus, wie ein Kind in einer Londoner U-Bahn-Station auf die elektrisch geladenen Schienen hinunterstürze, wie es auf den dicht befahrenen Straßen vom Linksverkehr irritiert in ein Auto laufe, und ähnliches mehr. Alles stehe in plastischen Schreckensbildern vor ihr und hülle sie wie in einen Nebel ein.*

*»Wenn ich Sie recht verstehe, wollen Sie also krank geschrieben werden, um nicht mit nach England fahren zu müssen?« vergewisserte ich mich, und die Patientin bejahte abermals.*

Unterbrechen wir die Fallgeschichte, um einige Fäden zum vorher Gesagten zu knüpfen. Zunächst dies: Die Verstimmung der Patientin ist unschwer als Angstneurose zu diagnostizieren. Typisch dafür ist die Überproportionalität ihrer Befürchtungen, gemessen an der Sachlage, sowie ihr intensives Bestreben, den gefürchteten Situationen um jeden Preis auszuweichen. Auch der körperliche Niederschlag ihrer seelischen Krise ist charakteristisch dafür. Nach Erstellung der Diagnose gabelt sich jedoch der psychotherapeutische Weg. Die Frage, WARUM sich die Patientin derart extreme Sorgen macht, gehört in der Logotherapie zum »Verabschiedeten«. Ein Ventilieren der WARUM-Frage würde ja zum Erspekulieren einer postulierten kausal-traumatischen Krankheitsursache führen. Es würde zum WEIL führen. Die Patientin sei überängstlich, weil sie das eine oder andere erlebt, diese und jene Vorbilder gehabt, zu viel oder zu wenig von etwas Bestimmtem erfahren hat usw. Das WEIL wäre die Chiffre, unter der sich die Determinierung verbergen würde. Es wäre der Code, unter dem ihre Lebensgeschichte diktiert – und nicht von ihr selbst verfasst – aufscheinen würde. Und natürlich würden sich genügend WEILs finden lassen, daran besteht kein Zweifel. Am Ende stünde sie da als das armselige, zu Panikattacken verurteilte Produkt von Zufall und menschlicher Verfehlung.

Kommen wir jetzt zum »Neuerrichteten« in der Logotherapie. Die Patientin *hat* Symptome, aber sie *ist* eine heile, transmorbide Person, und als solcher ist ihr der Blick über den Zaun des Nichthumanen gestattet, hinein in die Sinn- und Wertfülle der Welt. Es ist ihr in personaler Exklusivität aufgetragen, diese Fülle mit dem »Ihrigen« anzureichern. Sie ist sozusagen eingeladen, an dem Platz, an dem sie lebt und wirkt, am Schöpfungswerk teilzunehmen. Was sind folglich die Werte aus dem Einzugsbereich ihrer Wahrnehmung, die ihr besonders am Herzen liegen? Was sind die Gegenstände ihrer »ehrfürchtigen« Liebe? »Ehrfürchtig« in dem Sinne, dass sie um das rechtmäßige Geehrt-, Geachtet- und Bewahrtwerden dieser Wertgegenstände bangt, und – weil sie sich darum sorgt – sich dafür einbringt mit allen Fasern ihres Seins? WORUM sorgt sich die Patientin vorrangig? Das ist eine therapeutisch gewichtige Frage. Denn für das WAS unserer Liebe und WORUM unserer Sorge bekommen wir alle Kräfte geschenkt, die wir brauchen, notfalls sogar, um unseren Schwächen zum Trotz die Geschichte unseres Lebens umzuschreiben.

Nun hatte die Patientin ein klares WORUM ihrer ängstlichen Sorge formuliert: die Schulkinder. Sie fürchte um deren Wohlergehen. Aber war dem so? Lagen ihr wirklich die Kinder am Herzen? Ich schlüpfte in Sokrates' Rolle.

*»Wenn ich Sie recht verstehe, wollen Sie krank geschrieben werden, um nicht mit nach England fahren zu müssen?«* war meine letzte Frage gewesen,

*und die Patientin hatte sie bejaht. Daraufhin fuhr ich fort: »Aber auch wenn Sie nicht mitfahren, kann ein Kind verunglücken. Auch ohne Ihre Anwesenheit kann eines in einer Londoner U-Bahn-Station beim Herumtollen auf die Schienen stürzen oder auf der Straße vom Bus überrollt werden. Ihre Abwesenheit schließt solche Vorfälle nicht aus. Was nützt da die Krankschreibung?« Die Patientin reagierte spontan: »Ach, wenn ich nicht mit dabei bin, ist das nicht meine Schuld. Niemand kann mir die Vernachlässigung der Aufsichtspflicht vorwerfen, wenn ich zu Hause im Krankenstand bin.« Ihre Antwort machte mich traurig. »Wollen Sie damit sagen, dass Ihnen der Unfall eines Schulkindes gleichgültig ist, solange Sie selbst nicht deswegen belangt werden können?« »Ja ...«, sie stockte. »Nein, das nicht. Aber es ist dann nicht mein Problem, nicht wahr?« »Sie meinen, Hauptsache ist, dass Sie mit reiner Weste dastehen, man Ihnen nichts ankreiden kann, und Ihr Lehrerinnenimage unbefleckt bleibt?« Ich merkte, wie es in der Patientin arbeitete. »Hauptsache ...? Irgendwie können Sie recht haben. Obwohl, wenn ich es recht bedenke, ich mich fast deswegen geniere ...«*

Unterbrechen wir die Geschichte nochmals, um einige Kommentare einzuflechten. Wir wissen: Ein der Frage Nachgehen, WARUM sich die Patientin exzessiv viele Sorgen macht, hätte bloß archaische »conditiones« ihrer habituellen Ängstlichkeit zutage gefördert. Dagegen hat die Frage, WORUM sich die Patientin hauptsächlich sorgt, schnell die wahre »causa« ihres Leidens offenbart, die laut Frankl in der zu allen inneren wie äußeren »conditiones« stellungnehmenden Person gelegen ist. Sie ist es auch hier. Die Patientin nimmt zu sich und zur Welt ringsum auf eine Weise Stellung, die ihr und der Welt nicht bekömmlich ist. Die nicht »ehrlich« ist, worauf wir noch zurückkommen werden. Ihre Angst um die Schulkinder entpuppt sich als pure Täuschung. Diese sind ihr im Prinzip egal. Die Werte in der Welt sind irrelevant, es sei denn, sie tragen Positives oder Negatives zum Befinden der Patientin bei. Ihr eigenes Befinden ist zur Hauptsache hochstilisiert. Hauptsache, man ist mit ihr zufrieden, man mag sie, man schätzt sie als perfekte Lehrerin, Hauptsache, sie hat keinen Ärger und keine Schuldgefühle.

Genau das aber lähmt sie. Egozentrik ist ein selbststrafender Prozess. Wie uns die ehrfürchtige Sorge um Gegenstände unserer Liebe Schwung und Kräfte zuwachsen läßt, so raubt uns die egozentrische Fixierung auf unsere eigenen Vorteile Kraft und Zuversicht. Denn die Egozentrik überantwortet uns einem endlosen »Zittern um das eigene bisschen Ich«, dem Schädliches begegnen könnte, und – wenigstens der Möglichkeit nach – ununterbrochen Zerstörung droht. Wer sich selbst zur Hauptsache geworden ist, findet aus der Angst um sich selbst nicht mehr heraus. Er tappt existentiell buchstäblich durch den von der Patientin beschriebenen Nebel.

Dass dabei spezifisch Menschliches auf der Kippe steht, erläuterte Herbert Huber vom Staatsinstitut für Schulpädagogik und Bildungsforschung in München folgendermaßen:[37]

*Ehrlichkeit hat damit zu tun, dass man die Welt nicht nur aus der Perspektive des eigenen Interesses sieht, sondern das achtet, was ein Anderes oder ein Anderer von sich her ist. Der Ehrliche gibt dem Selbstsein auch des Anderen (sei es Person oder Sache) die Ehre, nicht nur sich selber. So verstanden ist Ehrlichkeit nichts anderes als die Bemühung darum, dem, womit man zu tun hat, gerecht zu werden.*

*In der Gerechtigkeit, sagt Aristoteles, sei jede andere Tugend enthalten. Der Gerechte nimmt ein Interesse nicht nur an sich selbst, sondern auch am Anderen. Wir sind alle immer an anderen Dingen und Menschen interessiert. Aber oft nur deswegen, weil sie uns nützlich sind. Wir lieben und achten in diesem Fall eigentlich nicht den oder das Andere, sondern bloß unseren eigenen Vorteil. Augustinus nennt dies den »amor concupiscentiae«, eine Liebe also, die eigentlich nur Selbstsucht ist. Im Gegensatz dazu steht die Haltung, die etwa gesunde Eltern ihren Kindern gegenüber einnehmen. Sie lieben sie nicht, weil sie ihnen nützen, sondern sie freuen sich, wenn die Kinder einen Nutzen haben. Leibniz nannte das den »amor benevolentiae«, die Liebe des Wohlwollens. Wir wollen, wenn wir diese Haltung einnehmen, nicht unser Wohl mittels des Anderen, sondern das Wohl des Anderen. Goethe nennt diese Haltung »Ehrfurcht«. Dass wir an den anderen*

*Menschen und Dingen mehr wahrnehmen können, als was uns nützt, unterscheidet uns von den Tieren, die nur das biologisch Nützliche bemerken. Den Rest der Wirklichkeit nehmen sie nicht wahr, er gehört nicht zu ihrer Welt ...*

Er gehört nicht zur Welt der Tiere, aber er gehört zur Welt der Patientin. Darüber galt es mit ihr zu sprechen. Über den »Rest der Wirklichkeit«.

*Obwohl, wenn ich es recht bedenke, ich mich fast deswegen geniere ...«, hatte die Patientin zuletzt gesagt. Gut so. Das Heile, Transmorbide in ihr hatte sich bereits zu Wort gemeldet. »Bitte sagen Sie mir ganz offen, was in Ihren Phantasien das Schlimmste wäre, das Ihnen bei der Ausübung Ihres Lehrerberufes geschehen könnte«, bat ich die Frau. Sie schwieg eine Weile. »Na ja«, bekannte sie dann, »es wäre schon mein Versagen. Dass die Eltern meiner Schüler mit den Fingern auf mich zeigen würden, meine Kollegen hinter meinem Rücken über mich tuscheln würden, und ich schließlich mit Schimpf und Schande den Dienst quittieren müsste. Das wäre das Schlimmste.« »Ich verstehe«, antwortete ich. »Und jetzt eine komplizierte Frage. Könnten Sie sich ein Schlimmstes vorstellen, das zu fürchten Sie sich weniger genieren würden?«*

*Da blitzte ein Funke in den Augen der Patientin auf. »Aber ja«, rief sie. »Wenn das stimmte, was ich mir vormache, wenn es mir in der Tat um die Schicksale der Kinder ginge, würde ich mich deswegen nicht genieren.« Ich brauchte nur einzuhaken. »Sie würden auch nicht schlecht schlafen, unkonzentriert sein und vor einem Ausflug kneifen!« Ungläubig sah sie mich an. »Ich kann es Ihnen beweisen«, fügte ich hinzu. »Nehmen wir Ihren Alptraum von der Londoner U-Bahn-Station. Wenn es Ihnen darum ginge, dass sich kein Kind verletzt, würden Sie überlegen, auf wen die Kinder am ehesten hören, wessen Ermahnungen zur Vorsicht sie am wenigsten in den Wind schlagen. Wer ist eine solche Bezugsperson? Vermutlich eine Lehrerin, mit der sie viel verbindet, z. B. eine, die sie sowohl im Unterricht, als auch als Klassenlehrerin haben ...« »Ja«, bestätigte die Patientin, »zu mir haben sie ein gutes Verhältnis.« »Eben«, fuhr ich* fort, »daher würden Sie – wenn es Ihnen um die Kinder ginge – geradezu darauf drängen, nach England mitzufahren, um ihren Einfluss segensreich zu nützen, falls es irgendwie brenzlig wird. Und Sie wären innerlich auf die Vorbereitung spannender Stadtbesichtigungen und erholsamer Freizeitgestaltungen konzentriert; so voll konzentriert, dass Sie abends erschöpft ins Bett fallen würden – zu keinem, nicht einmal ängstlichen Gedanken mehr fähig.«

»Ich muss wohl lernen, umzudenken«, flüsterte die Patientin. »Ein klein bisschen«, ermutigte ich sie. »Sobald Sie Ihre bisherige Hauptsache als Nebensache betrachten, sind Sie frei für die eigentliche Hauptsache, die darin besteht, dass ihre Schülerinnen und Schüler eine schöne Auslandsreise erleben und gesund wiederkehren.« »Und wenn dennoch etwas passiert? Wenn die Reise misslingt?« fiel sie in ihr altes Sorgenmuster zurück. »Dann haben Sie Ihr bestes Bemühen eingebracht, und das genügt«, antwortete ich mit Überzeugung. »Es genügt vor Gott und den Menschen.«

Die Lehrerin verließ unser Institut ohne Krankschreibung, stattdessen mit einer neuen »Hauptsache« im Gepäck, und schaffte die Klassenfahrt mit Bravour. Als ihre Therapeutin aus Indien zurückkam, erklärte sie ihr, dass sie keine Therapiestunden mehr benötige, weil sie mittlerweile aus dem Nebel ihrer Egozentrik herausgefunden habe.

Beispiele wie das geschilderte, in denen eine »existentielle Umstellung« einer uralten Lebensangst »den Wind aus den Segeln genommen hat« (Frankl), könnten beliebig fortgesetzt werden. Zum näheren Verständnis seien noch zwei Varianten anskizziert.

### Beispiel II

*Ein Mann erzählte uns, dass ihn seine Frau unterdrücke: »Ich habe immer getan, was sie wollte, bis ich vor wenigen Wochen die Quittung bekam. Sie betrügt mich mit einem anderen Mann. Als wir vor fünf Jahren heirateten, war ich stolz auf sie, weil sie selbstbewusst war, ihren Beruf und ihren Freundeskreis hatte. Bald aber begann sie mich wegen meines Aussehens zu kritisieren. Meine Anzüge trüge man heute nicht mehr, meine Schuhe seien peinliche Plastiktreter, usw. Deshalb kamen wir überein, dass sie fortan meine Sachen aussuchte und meinen Haarschnitt festlegte. Daraus wurde mehr und mehr. Sie bestimmte meine Hobbys, wer zu uns eingeladen werden durfte und wie wir die Wochenenden verbrachten. Ich musste die Hausarbeit erledigen, wenn sie keine Lust dazu hatte, und erntete keinen Dank. Mit der Zeit fühlte ich mich wie ihr Sklave. Trotzdem habe ich um des Friedens willen nie aufbegehrt. Aber jetzt kann ich nicht mehr – die Demütigung, die sie mir mit dem außerehelichen Verhältnis zugefügt hat, verkrafte ich einfach nicht.«*

Zugegeben, das WARUM ist verlockend. Warum lässt sich ein Mann sukzessive erniedrigen? Welche Mutter-, welche Vaterfigur stiftet das Unheil im Hintergrund seiner Vernunft? In welchem frühkindlichen Nährboden haben sich die masochistischen Wurzeln seiner Hemmung eingenistet? – Schluss damit; wir wollen uns logotherapeutisch in Abstinenz üben und zum WORUM eilen. Worum geht es unserem Patienten in der Hauptsache? Ähnlich wie die Lehrerin aus Beispiel I legt er mit naiver Unehrlichkeit seine Intentionen auf den Tisch: Um des Friedens willen habe er nie aufbegehrt. Wir müssen also über den Frieden sprechen.

*»Bitte definieren Sie mir, was Sie unter ›Frieden‹ verstehen?« »Keinen Streit«, erwiderte der Patient prompt. »Ist das ausreichend? Herrscht wirklich Friede zwischen Menschen, wenn sie sich bloß nicht streiten?« fragte ich genauer nach. »Na ja, Friede ist schon mehr«, gab er zu. »Es gehört Harmonie dazu, gegenseitige Toleranz und Akzeptanz. Jeder darf er selber sein und nach seiner Fasson leben.« »Das hört sich hervorragend an«, stimmte ich ihm zu. »Aber eines verwundert mich. Was Sie gerade beschrieben haben, ist durch Ihr pausenloses Nachgeben keineswegs erreicht worden. Damit haben Sie einzig erreicht, dass Ihre Frau Sie immer weniger akzeptierte und tolerierte, und Sie selbst immer weniger nach Ihrer Fasson leben konnten.« »So ist es«, stöhnte der Mann, »meine Frau ...« »Nein«, unterbrach ich ihn, »ich spreche von Ihnen. Sie haben offensichtlich nichts getan, was Ihrer eigenen Definition nach Frieden geschaffen hätte!«*

*Der Patient reagierte gereizt. »Wollen Sie mir Vorwürfe machen?« »Ich möchte mit Ihnen zusammen den Grund Ihres Problems finden. Ich möchte den Boden orten, auf dem das Ehedrama wachsen konnte. Halten wir fest: Ihre sklavenähnliche Unterwürfigkeit hat keinen Frieden erzeugt. Oder sehen Sie es anders?« Der Patient schüttelte den Kopf. »Dennoch haben Sie Ihr Verhalten nicht geändert. Warum nicht?« »Ich fürchtete, sie zu verlieren. Ich bin ein unsicherer, unselbständiger Mensch und weiß nicht, was ich ohne sie anfangen soll ...«*

Da ist sie, die »wahre causa«, vom WORUM-sich-der-Patient-Sorgen-macht an Land gezogen. Er sorgt sich keinen Deut um den beidseitigen Frieden, er sorgt sich um seinen eigenen inneren Halt. Die Psychologie nennt das dazugehörige Beziehungsphänomen »Ambivalenz«. Das heißt, er liebt seine Frau im Sinne des Sie-Brauchens (als Stimulanz, Orientierung, Entscheidungshilfe im Alltag) und hasst sie gleichzeitig, weil sie ihm in dieser Hinsicht, in der er sie eben braucht, überlegen ist. Ich hatte mir schon gedacht, dass so etwas vorlag, weil er anderenfalls seine »Sklavenhalterin« gerne an einen anderen Mann abgetreten hätte. Doch nein, so sehr er über sie schimpfte – behalten wollte er sie doch!

*»Ich fürchtete, sie zu verlieren«, hatte der Patient bekannt. »Sie fürchteten um sich selbst«, brachte ich die Sachlage auf den Punkt, und er wehrte sich nicht. Ich schlüpfte in Sokrates' Rolle: »Jetzt bitte ich um ein ›Brainstorming‹. Nehmen Sie theoretisch an, Sie wären selbstsicher und könnten Ihr Leben bestens allein meistern. Sie würden aber aus höheren Motiven heraus Frieden ins Haus bringen wollen. Dazu müssten Sie sowohl selbst friedliebend agieren, als auch Ihrer Frau (die laut Ihrem Bericht zu Streitsüchtigkeit neigt) zu mehr Friedfertigkeit verhelfen. Wie müssten Sie in diesem Fall vorgehen?« Auf der Stirn des Patienten erschienen nachdenkliche Falten. Ich schob ihm Papier und Bleistift zu und ermunterte ihn, sich schriftliche Notizen zu machen. Eine halbe Stunde lang hörte ich nur sein Gekritzel.*

*»Hm«, räusperte er sich, und als ich zuwartete, begann er sein Ergebnis vorzulesen. »Nun, wenn ich selbst friedlich bleiben wollte, müsste ich meiner Frau die Freiheit lassen, zwischen mir und ihrem Freund zu wählen. Auch*

müsste ich ihr einen versöhnlichen Neuanfang gewähren, sollte sie die Rückkehr zu mir wählen.« Zwei Tränen lösten sich aus den Augenwinkeln des Patienten, aber er las weiter. »Um sie zum Frieden zu erziehen, müsste ich allerdings meine Identität wahren, ob sie ihr gefällt oder nicht. Wenn sie Kritik übt, müsste ich ihr schonend beibringen, dass jeder seinen individuellen Maßstab und seine Vorlieben hat, und dass man einander in der Verschiedenheit herrlich ergänzen kann, solange einer nicht die Werte des anderen verletzt.« Der Patient schaute mich an wie ein Schüler, der seine Aufgabe dem Lehrer präsentiert. Und wahrlich, er hatte die Aufgabe ausgezeichnet erledigt. Ich konnte unser therapeutisches Gespräch nahezu mit den Schlussworten aus der heiligen Messe abschließen: »Bravo! Dem ist nichts hinzuzufügen. Setzen Sie es um. Gehen Sie hin und bringen Sie Frieden in Ihr Haus!«

Gegen Jahresende erhielt ich einen Weihnachtsgruß von diesem Mann. Darunter stand: »Unsere Ehe hat gehalten und eine neue Qualität bekommen. In Dankbarkeit ...«

Was mich trotz meiner langen Berufserfahrung jedes Mal verblüfft, ist die Exaktheit des ahnungsvollen Vorwissens im Menschen, das ihm eine Richtschnur gibt, wie sie weder der Logik des Verstandes, noch der Alogik der Gefühle entspringen kann. Im obigen Beispiel sagte der Verstand des Mannes: »Die Frau ist am ganzen Übel schuld.« Das Gefühl des Mannes sagte: »Beuge dich dem Übel, um sie nicht zu verlieren.« Im geheimsten Zentrum seiner Geistigkeit aber wusste er: »Es liegt an mir, mich zu ändern. Mich, inklusive meinem Beugen.«

Wie vehement solches Vorwissen auch ohne therapeutischen Anstoß, autodidaktisch und in Bildsprache, durchbrechen kann, beweist das letzte Fallbeispiel.

## *Beispiel III*

*Eine ältere Patientin wurde seit geraumer Zeit in unserem Institut betreut. Sie litt an desperaten Zukunftsängsten, die nicht »aus der Luft gegriffen« waren. Sie war verwitwet, einsam, und hatte die Parkinsonsche Krankheit. Ihre 90jährige demente Mutter lag in einem Pflegeheim darnieder, und jedesmal, wenn die Patientin sie besuchte, sah sie schaudernd ihr eigenes Ende im Spiegel des mütterlichen Siechtums voraus. Ging sie zur regelmäßigen Kontrolle ins Ambulatorium für Parkinson-Kranke, sah sie wiederum die auf sie zukommende Zittrigkeit und Hilflosigkeit im Spiegel anderer Patienten voraus, bei denen die Krankheit bereits weiter fortgeschritten war. Das raubte ihr den Rest an Vertrauen auf einen noch relativ erfreulichen Lebensabschnitt.*

*Ihre Zukunftsängste vibrierten in Form hektischer Unruhe in ihr. Oft fuhr sie mit dem Auto stundenlang kreuz und quer durch die Straßen, um sich mittels Konzentration auf den Verkehr von ihrer Verzweiflung abzulenken. Später versank sie in ihrer Wohnung in dumpfem Vor-sich-hin-Brüten, ging nicht ans Telefon und öffnete niemandem die Tür. Motorisch agitierte Phasen wechselten mit depressiven, doch die Angst war für beiderlei konstitutiv.*

In diesem Fall lag das WARUM der Ängste der Patientin auf der Hand. Wahrscheinlich würden auch Leute, die stärker im Nehmen sind als sie, nur ungern mit ihr tauschen. Alter, Krankheit und Einsamkeit sind keine lustigen Gesellen. Über das WARUM brauchten wir uns den Kopf nicht zu zerbrechen, das WORUM hingegen musste noch präzisiert werden. Worum sorgte sie sich hauptsächlich? Um den Erhalt ihrer motorischen Beweglichkeit? Ihrer mentalen Orientierung? Ihrer Wohnung? Was war für sie die fürchterlichste Denkbarkeit? Die Patientin vermochte auf meine Fragen keine Auskunft zu geben, sie wusste es selber nicht. Eines Tages erhellte es sich ihr im Traum.

*Als die Patientin bei mir Platz genommen hatte, kam sie auf den Traum zu sprechen. Sie habe ihn nicht fertiggeträumt, weil der Wecker sie aus dem*

*Schlaf gerissen habe. Seltsamerweise täte ihr dies leid, obwohl sie sonst Träumen keinerlei Bedeutung zumesse. Der besagte Traum gehe ihr aber nicht aus dem Sinn.* »Dann schlage ich vor, dass Sie ihn hier bei mir zu Ende träumen«, bot ich ihr an. *Sie war überrascht, dass das möglich sein sollte.* »Gewiss«, bekräftigte ich, »Sie setzen sich bequem hin, entspannen sich mit geschlossenen Augen, und beschreiben mir detailliert, was Sie in Ihrem Traum erlebt haben. Dann fahren Sie einfach fort.«

*Sie tat wie geheißen und sah sich auf einem Floß mitten auf einem Fluss dahintreiben. Die Uferlandschaften rechts und links zogen monoton vorüber: Häuser, Äcker und Straßen mit* »Spielzeugautos«. *Dörfer tauchten auf und verschwanden im Dunst. Die Landschaft wurde fruchtbarer und welliger. Vor der Patientin lag eine Flussbiegung. Ehe sie diese erreicht hatte, hatte bei ihr zu Hause der Wecker geläutet. Im zurückgeholten Wachtraum ließ sie sich nun in die Biegung hineintreiben. Zunächst änderte sich die Szenerie kaum. Nach einiger Zeit jedoch rief die Patientin aus:* »Da vorne ist ein großer Hügel und oben glitzert etwas. Ich kann nicht erkennen, was es ist.« *Die Strömung trug das Floß näher an den Hügel heran.* »Jetzt gewinnt es langsam an Konturen«, *sagte sie.* »Oh, welch ein Licht! Am Gipfel des Hügels ist ein altes verwittertes Tor, keine Mauer, nur ein Tor, von Efeu umrankt. Die Torflügel stehen weit offen. Dahinter leuchtet ein unglaubliches Licht hervor, spiralenförmig, anziehend; noch nie habe ich dergleichen gesehen …«

*Sie schwieg, und ich störte sie nicht.* »Der Hügel ist bis zur Höhe hinauf mit dichtem Wald bewachsen«, *fuhr sie fort*, »voller saftgrüner Bäume und ineinander verschlungenem Geäst. Jetzt hält mein Floß auf das Flussufer unterhalb des Hügels zu. Richtig, es landet. Ich steige aus und – oh, ich habe das Licht verloren!« *Die Patientin riss die Augen auf.*

Das WORUM der Sorgen der Patientin (»Ich habe das Licht verloren«) brach so abrupt hervor, dass ich noch ganz im Banne ihrer Bilder stand, was mir half, den Problemkern sofort zu erfassen.

»Sie meinen, Sie haben das Licht AUS DEN AUGEN verloren«, antwortete ich improvisierend. »Wie könnte das Licht selbst verlierbar sein, *wo es doch von Anbeginn an hinter dem Tor lodert? Bloß aus den Augen haben Sie es verloren, was verständlich ist bei dem dichten Baumbestand. Aus der Ferne nahmen Sie den Gipfel des Hügels wahr; aus der Nähe werden Sie das Tor erst wieder zu Gesicht bekommen, wenn Sie es direkt vor sich haben.«* »Wenn ich es nicht sehe, finde ich es nicht«, klagte die Patientin, und in ihrer Klage schwang ihre Angst mit, – keine Angst vor dem Tor des Todes, sondern vor der Denkbarkeit eines ewigen Dunkels ›danach‹. DARUM hatte sie sich gesorgt, um das ›danach‹. *»Aber Sie haben doch das Licht gnädig im Traum erschauen dürfen«*, beruhigte ich sie, *»diese Erinnerung bleibt in Ihnen lebendig. Sie wissen, dass es ›oben‹ ist. Deshalb brauchen Sie nur Schritt für Schritt bergan zu steigen in der frohen Gewissheit, dass es ›oben‹ auf Sie wartet!«*

*Nach dem zu Ende geträumten Traum verließ mich die Patientin wie verwandelt. Seither war sie dreimal zu Besuch bei ihrer verwirrten Mutter, und doppelt so oft bei den vorgeschriebenen ärztlichen Kontrolluntersuchungen. Zudem verschied eine Nachbarin ihres Alters, mit der sie befreundet gewesen war, und auf deren Begräbnis sie gehen musste. Trotzdem gab es kein sinnloses Autofahren und kein Versinken in Schwermut mehr. Nein, erklärte sie, das alles seien ›Schritte bergan‹.* »Keine Sorge um die Zukunft?«, bohrte ich lächelnd nach, und sie schüttelte tapfer den Kopf. »Sie haben recht: ich habe das Licht erschaut. Das vergesse ich nicht. Es ist hinter dem Tor. Worum soll ich mich noch sorgen?«

Worum soll ich mich sorgen? Dieser Kardinalfrage sind wir im vorliegenden Kapitel nachgegangen und haben begriffen: Wann immer das WORUM menschlicher Sorge von der kleinlichen Bange um sich selbst befreit wird, erblüht es zum kraftspeisenden »Existential« im Heideggerschen Sinne. Die Beispiele I und II haben es uns gezeigt. Im Beispiel III haben wir ein Weiteres dazugelernt. Sollte das WORUM menschlicher Sorge gar transzendentem Licht begegnen, verlieren alle immanenten WARUMS der Angst ihre »höllische« Macht. Dem letzten und tiefsten Vertrauen hält nichts stand, was unsere Phantasie an Schrecken auszudenken vermöchte.

# Wege aus der Sucht

## Verzicht und Vertrauen als Tore zur Freiheit

Ich möchte meine Betrachtungen mit zwei Zitaten aus einer Broschüre von Hans Jürgen Skorna über Joseph Roth und »Die Legende vom heiligen Trinker« beginnen.

ZITAT I

*Roth war ein Leben lang auf der Flucht, wie vergleichsweise die Hauptfigur seines Romans »Die Flucht ohne Ende«, dessen Abschluss sich wie eine Selbstdarstellung des Verfassers liest:*

*»Es war am 27. August 1926, um vier Uhr nachmittags, die Läden waren voll, in den Warenhäusern drängten sich die Frauen, in den Modesalons drehten sich die Mannequins, in den Konditoreien plauderten die Nichtstuer, in den Fabriken sausten die Räder, an den Ufern der Seine lausten sich die Bettler, im Bois de Boulogne küssten sich die Liebespaare, in den Gärten fuhren die Kinder Karussell. Es war um diese Stunde, da stand mein Freund Tunda, gesund und frisch, ein junger starker Mann von allerhand Talenten, auf dem Platz vor der Madeleine, inmitten der Hauptstadt der Welt und wusste nicht, was er machen sollte. Er hatte keinen Beruf, keine Liebe, keine Lust, keine Hoffnung, keinen Ehrgeiz und nicht einmal Egoismus. – So überflüssig wie er war niemand in der Welt.«*

*Es ist das Bild des Außenseiters, das hier entworfen wird, des Menschen, der mitten in einer geschäftigen und pulsierenden Umwelt seinen Platz nicht findet, weil er den Anschluss verpasst hat und für sich selbst nichts mehr entdecken kann, was seinem Leben einen Sinn oder eine Aufgabe geben* könnte. *Auf unzählige Berichte aus der Lebensgeschichte von Suchtkranken trifft dasjenige zu, was hier als Sinnentleerung des Daseins aufgezählt wird ...*

## ZITAT II

*Eine der wesentlichen Ursachen für die Steigerung der Alkoholabhängigkeit von Roths Pariser Exiljahren war ohne Zweifel die materielle Not. Er arbeitete verzweifelt und konnte seine literarischen Werke infolge der politischen Zeitverhältnisse doch nur schwer bei den Verlegern anbringen. Geldsorgen und Schulden trieben ihn in den letzten Jahren fast unaufhörlich so in die Enge, dass er oft keinen Ausweg mehr sah und immer wieder Andeutungen auf seinen totalen existentiellen Zusammenbruch machte. Seine Briefe insbesondere an Stefan Zweig bilden eine lange Kette von Hilferufen um materielle Unterstützung:*

*»Seit Monaten, seit Monaten würgt der Strick an meinem Hals – und dass ich noch nicht erstickt bin, liegt daran, dass immer wieder ein gutmütiger Mensch mir gestattet, einen Finger zwischen den Strick und meinen Hals zu stecken. Und gleich darauf zieht sich der Strick wieder zusammen. Mit diesem Strick um den Hals arbeite ich 6 – 8 Stunden täglich. Ich bitte Sie, ich bitte Sie, retten Sie mich, ich gehe bestimmt unter, ich kann nicht mehr mit Haut und Haaren und allen Rechten verkauft sein, ich kann nicht mehr Nacht für Nacht mit wahnsinniger Angst vor dem Morgen, vor dem Wirt, vor der Post aufwachen, glauben Sie doch nicht, wenn Sie mir begegnen, dass ich so lebe, wie ich mich zeige, es ist schrecklich, schrecklich mein Leben. Ich schleiche herum, wie ein Verbrecher, dem man nachstellt, ich zittre an Händen und Füßen, und werde halbwegs sicher, nachdem ich getrunken habe.«*

Die beiden Zitate verdeutlichen eine interessante Tatsache, nämlich dass sowohl gute als auch schlechte Lebensumstände zum Anlass für Suchtverhalten werden können. »Freund Tunda« aus Zitat I ist »gesund und frisch, ein junger, starker Mann von allerhand Talenten«. Ihm eignen also Schätze wie Gesundheit, Jugend und Begabtheit, und dazu kommt, dass er sich nicht am Rande, sondern

»inmitten der Hauptstadt der Welt«, das heißt, in einem Umfeld voller Angebote und Möglichkeiten befindet. Aber er macht nichts daraus und lässt sich in eine vermeintliche Sinnleere seines Daseins hineinfallen, überwältigt vom Gefühl der absoluten Überflüssigkeit ...

Joseph Roth aus Zitat II wiederum ist in realer Bedrängnis. Aus der Heimat verbannt, ohne jegliche Unterstützung, müht er sich mit geringem Erfolg, seine literarischen Werke an den Mann zu bringen, um seinen kärglichen Lebensunterhalt fristen zu können. Die Unsicherheit seiner Situation, oder besser gesagt, das daraus resultierende Unsicherheitsgefühl aber wird ihm zum Verhängnis. Denn dieses Gefühl lässt sich für trügerisch kurze Zeitspannen mit Alkohol besänftigen, was längerfristig den letzten Rest an Sicherheit in seinem Leben vernichtet.

Wenn nun sowohl gute als auch schlechte Lebensumstände zum Anlass für Suchtverhalten werden können, folgt daraus, dass die jeweiligen Umstände eines Menschen der eigentliche und entscheidende Faktor beim Suchtproblem nicht sein können. Vielleicht kommen wir diesem Faktor eher auf die Spur, wenn wir nicht fragen, was in eine Sucht hineintreibt, sondern umgekehrt fragen, was aus einer Sucht wieder herausführt. Überlegen wir uns daher, was wir den beiden Zitat-Figuren spontan wünschen oder raten würden, auf dass sie ihren Weg zu einem gesunden und sinnerfüllten Leben finden mögen. Wo wäre das Tor zum Ausweg?

Darauf gibt es keine einfache Antwort, denn genau genommen besteht ein solches Tor aus vier Toren, die durchlaufen werden müssten (wenn wir von einer begleitenden ärztlichen Hilfe absehen, wie sie im Falle von Joseph Roth zweifellos angebracht gewesen wäre). Sie lauten:

a) In kleinen Schritten anfangen,
b) auf den Sinn dieser Schritte vertrauen,
c) während der kleinen Schritte fortbestehendes Unbehagen in Kauf nehmen, und
d) die kleinen Schritte durchhalten.

Die Tore a) und d) spiegeln die altbewährte Erkenntnis wider, dass ein Ziel nur erreichbar ist, wenn der 1. Schritt gewagt wird, und diesem Schritt weitere folgen. »Anfangen und durchziehen« ist das Geheimnis jeglicher Zielerreichung.

Die Tore b) und c) erlauben noch tiefer in das Geheimnis der Zielerreichung vorzudringen. Man fängt vieles im Leben an, aber man setzt es nicht fort, wenn man nicht von seiner Sinnhaftigkeit überzeugt ist. Viktor E. Frankl hat dies elegant ausgedrückt in dem Satz: »Der Sinn ist der Schrittmacher des Seins«. Demzufolge geht der Sinn jedem einzelnen Schritt voraus, oder es wird kein einziger weiterer sinnvoller Schritt mehr getan.

Damit jedoch auch getan werden *kann*, was sinnvollerweise getan werden *soll*, ist es notwendig, Unangenehmes in Kauf zu nehmen, das damit zwangsläufig verbunden ist: Überflüssigkeits- und Unsicherheitsgefühle zum Beispiel, wie bei den beiden Zitat-Figuren, oder ganz allgemein Entzugsbeschwerden, Nervosität, Minderwertigkeits-, Schuld- und Schamgefühle, die noch lange den Weg pflastern werden, bis er eines fernen Tages auf eine existentielle Ebene hinaufführen wird, die diese Gefühle nicht mehr kennt, weil sie nicht mehr angemessen sind.

Was bedeutet, dass man nicht nur auf die Sinnhaftigkeit der kleinen Schritte in Richtung Zielerreichung vertrauen muss. Man muss auch bei jedem kleinen Schritt den Verzicht auf jene seelischen »Heftpflaster« leisten, die die Unannehmlichkeiten des Augenblicks dämpfen, aber die Zielerreichung dafür erneut hinausschieben würden. »Vertrauen und Verzichten« ist gleichsam das allertiefste Geheimnis der Suchtbewältigung, nämlich das Vertrauen auf einen Sinn, und das Verzichten auf eine Unlustbehebung. Ohne b) und c) gibt es keine Brücke von a) nach d), kein Durchhalten eines guten Weges, keine Tordurchschreitung in Richtung Ausweg.

Nachdem wir somit festgestellt haben, was zur Suchtbewältigung unerlässlich ist, können wir mit Fug und Recht die Behauptung wagen, dass dieselben Faktoren, bloß mit negativen Vorzeichen, eine wichtige Rolle bei der Suchtentstehung spielen. Wer kein

Vertrauen ins Leben hat, und wer auf nichts verzichten will, wird suchtgefährdeter sein als andere Menschen. Überprüfen wir diese These an Hand eines Textabschnittes aus einer im Jahr 1988 vom deutschen Gesundheitsministerium herausgegebenen Broschüre – eingedenk der Tatsache, dass der aktuelle Stand noch um einiges dramatischer geworden ist, man denke nur an die modernen »Disko-Drogen«:

*Suchtkrankheiten sind auf dem Vormarsch. Bei der bekanntesten Suchtform, dem Alkoholismus, liegt die Zahl der Betroffenen allein in der (damaligen, Anmerkung der Verfasserin) Bundesrepublik Deutschland bei etwa 1,5 Millionen. Besonders erschreckend ist dabei, dass das Einstiegsalter ständig sinkt. 10- und 11jährige Alkoholabhängige sind keine Ausnahmeerscheinung mehr. Mit einer »Mutprobe« in der Clique fängt es oft an. Oder mit einem allzu leichten Zugang zur Hausbar. Oder mit einer Cola mit Rum im Kiosk um die Ecke während der Schulpause.«*

»Mit einer Mutprobe fängt es an ...«, hier zeichnet sich das schwache Vertrauen ab, Vertrauen zu sich, zur Freundschaft, zu den Eltern und ihren Warnungen, zum Leben ganz allgemein. Denn wer beweisen muss, wie mutig er ist, der fühlt sich alles andere als mutig, der ist in Wirklichkeit ängstlich und verzagt. Und weiter: »Oder mit einem allzu leichten Zugang zur Hausbar ...«, hier tritt das Nicht-verzichten-Wollen zutage, wenn etwas bereit liegt. In unserer Noch-Wohlstands-Gesellschaft liegt leider viel zu viel bereit, doch nicht jede Gelegenheit muss ergriffen werden. Wir alle haben Gelegenheit zum übermäßigen Konsum, ja, sogar zu Diebstahl und Betrug, aber das ist kein Grund, solche Gelegenheiten zu nützen. Wir können auch darauf verzichten.

Fragen wir: Wenn die Entwicklung eines fundamentalen Vertrauens und das Erbringen sinnvoller Verzichtleistungen sowohl bei der Suchtbewältigung als auch bei der Suchtvorbeugung von ausschlaggebender Bedeutung sind, was fördert und stärkt dann diese Befähigungen? Darauf finden sich im Gedankengut der Logotherapie Viktor E. Frankls Antworten, die es lohnen, mit der Suchtproblematik verknüpft zu werden, nämlich:

1) Vertrauen setzt etwas »über sich« voraus, etwas, das nicht identisch ist mit dem Selbst. Etwas, »auf das« jemand vertraut, »an das« jemand glaubt, »an das« sich das Selbst eines Menschen hinwenden und hingeben kann, zu dem es Ja sagen kann.

2) Verzichten setzt etwas »in sich« voraus, etwas, das nicht identisch ist mit den wechselnden Triebgefühlen und Gemütsverfassungen des Selbst. Etwas, das davon abrücken und dazu auf Distanz gehen, notfalls Nein dazu sagen kann, weil es »in sich« heil ist.

Was das Vertrauen an Nicht-Ichhaftem in den Vordergrund des Hoffens und Sehnens stellt, stellt der Verzicht an Ichhaftem in den Hintergrund des Wollens und Begehrens. Und was das Vertrauen an Akzeptieren der eigenen Grenzen ermöglicht in Hinblick darauf, dass es jenseits dieser Grenzen etwas geben mag, das auch der Begrenztheit noch ihren Sinn verleiht, das ermöglicht der Verzicht an sinnvoller Ausformung des begrenzten Bereichs in Hinblick darauf, dass es innerhalb dieser Grenzen etwas gibt, das man selbst gestaltet. In der Logotherapie spricht man im ersten Fall von der Fähigkeit des Menschen zur *Selbsttranszendenz*, also zur »Grenzüberschreitung« in Richtung auf etwas, an das der Mensch glaubt und das er liebt, während im zweiten Fall von der Fähigkeit des Menschen zur *Selbstdistanzierung* gesprochen wird, also von seiner Mächtigkeit, sich selbst zu formen in Richtung Glaub-würdigkeit und Liebens-wertigkeit.

Beide Fähigkeiten, die Fähigkeit zur Selbsttranszendenz und die Fähigkeit zur Selbstdistanzierung, sind eng miteinander gekoppelt, was in der Graphik nachstehender Zeichnung heißt, dass die beiden Pfeile proportional zueinander wachsen. Schließlich verzichtet man nicht auf etwas, wenn man nicht wegen etwas verzichtet, und dieses Wegen dokumentiert sich im *Verzicht zugunsten eines Sinnes, auf den man vertraut.*

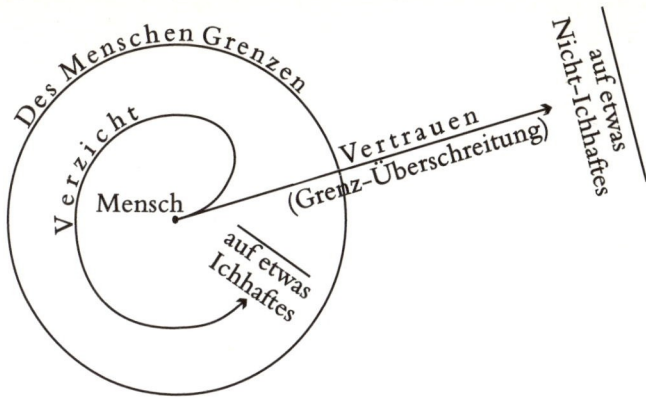

Das ist die entscheidende Nahtstelle zwischen beidem, die schlicht und einfach besagt, dass ein sinnvoller Verzicht stets zugunsten von etwas Höherwertigem geleistet wird, das dem Verzicht seinen Sinn verleiht, an das aber auch geglaubt werden muss. Menschen, die keine Werte kennen, die an nichts glauben, das ihnen geistige Orientierung und seelischen Halt zu geben vermöchte, sehen kaum die Notwendigkeit eines Verzichts auf Lust oder Unlustbehebung ein. Denn wo das Lebensprinzip zu keinem Sinnprinzip herangewachsen ist, dort ist es im Lustprinzip stecken geblieben.

Eines der erschreckendsten Beispiele, die diese Zusammenhänge untermauern, ist eine Statistik aus den Ländern der ehemaligen UDSSR, wonach mehr als 40 Millionen Einwohner (rund 16%) alkoholkrank sind. Allein jedes sechste russische Kind wird mit einer Alkoholembryopathie (einer hochgradigen Behinderung des Kindes durch den Alkoholkonsum der Mutter während der Schwangerschaft) geboren. Welche Erklärung bietet sich dafür an? An der Kargheit des (kommunistischen und postkommunistischen) Lebens kann es nicht liegen, denn diese teilen die genannten Länder mit manchen Mittelmeerländern wie Griechenland oder Portugal, wo der Alkoholismus vergleichsweise weniger epimedisch verbreitet ist. Demgegenüber liegt die Vermutung nahe, dass die Unterdrückung des religiösen Lebens über vier Generationen und die Selbsterlösungsreligion des durchlittenen Marxismus am desolaten gesundheitlichen Zustandsbild der Bevölkerung nicht ganz unbeteiligt sind. Was Viktor E. Frankl über den letzten Urgrund der Neurose schreibt, lässt sich analog auf den letzten Urgrund der Suchtkrankheit übertragen:[38]

> *... als solcher Grund der neurotischen Existenzweise jedoch wird sich nicht allzu selten die Tatsache nachweisen lassen, dass der neurotische Mensch eine Defizienz ausweist: Seine Beziehung zur Transzendenz ist gestört. Sein transzendenter Bezug ist verdrängt. Aber aus der Verborgenheit seines »transzendent Unbewussten« hervor meldet sich diese verdrängte Transzendenz mitunter in einer »Unruhe des Herzens«, die gelegentlich sehr wohl zu einer neurotischen Vordergrundsymptomatik zu führen vermag, die also sozusagen unter dem Bilde einer Neurose verlaufen kann. In diesem Sinne gilt demnach auch von der unbewussten Religiosität, was von allem Unbewussten gilt: Sie kann pathogen sein. Auch die verdrängte Religiosität kann somit eine »unglücklich verdrängte« sein.*

Mit der verdrängten Religiosität schwindet das Vertrauen zum Leben und zu seinem Sinn. Damit schrumpft auch die Bereitschaft, auf etwas zu verzichten, wenn es not tut. Wozu verzichten, wozu?

Die Industrie mit ihrem gewaltigen Werbeapparat, die in unseren westlichen Ländern ihr Bestes tut, um die legalen Suchtmittel wie Zigaretten und Alkohol unter die Leute zu bringen, weiß sehr wohl, dass sie sich zu diesem Zweck von der Sinnebene auf die Lustebene des Menschen »hinab«-begeben muss, um dort ihre Produkte zu lancieren. Die entsprechenden Werbespots lauten: »Ich rauche gern«, »Genuss steckt an«, »Das längere Vergnügen«, »Für echte Genießer« usw. »Warum verzichten?« flüstern sie Herrn und Frau Normalverbraucher ins Ohr, »Nimm dir doch, worauf du Lust hast. Wir liefern es dir ...«

Untersuchen wir deshalb abschließend, was das Suchtmittel tatsächlich liefert, bzw. was sein Lockmittel ist, mit dem es verzichtschwache Personen ködert. Das Lockmittel des Suchtmittels ist ein *kurzfristig angenehmes Gefühl,* weiter nichts. Das Angenehme des Gefühls macht seine Begehrlichkeit aus, und die Kurzfristigkeit erzeugt die Abhängigkeit davon. Denn sobald das angenehme Gefühl nachlässt, muss schleunigst die nächste Suchtmitteldosis nachgeschoben werden, sonst schlägt das angenehme Gefühl alsbald in ein unangenehmes um.

Soweit ist der ablaufende Mechanismus gut durchschaubar. Das Erstaunliche daran ist bloß, dass ein Mensch für nichts als ein kurzfristiges, angenehmes Gefühl alles zu veräußern imstande ist: seine Gesundheit, seine Freunde, seinen Beruf, sein Leben ... Auf dem 6. wissenschaftlichen Symposium der »Deutschen Hauptstelle gegen Suchtgefahren« in Tutzing wurde als einzige Übereinstimmung aller gängigen Suchttheorien festgestellt, dass Süchtige immer einen bestimmten Erlebniszustand bei sich herbeizuführen suchen. Sie wollen etwas Bestimmtes *fühlen*; ob dieses Gefühl mit der Wirklichkeit übereinstimmt oder nicht, ist dabei völlig egal! Kontrollieren wir diese Aussage auf ihre Gültigkeit bei den beiden Zitat-Figuren. »Freund Tunda« fühlt sich überflüssig auf der Welt. Ist es nun sein Streben, sich wichtiger zu *fühlen* oder für etwas wichtig zu *sein*? Joseph Roth fühlte sich unsicher und bedroht. War es nun sein Streben, sich weniger unsicher zu *fühlen* oder mehr Sicherheit zu *gewinnen*?

Wir sehen, um die Frage nach einem sinnvollen, eben »grenzüberschreitenden« Ziel kommen wir nicht herum, es ist zugleich die Frage nach der Grundeinstellung des Süchtigen überhaupt, die Frage, die über Leben und Dahinsiechen entscheidet. Will sich »Freund Tunda« weniger überflüssig *fühlen*, braucht er nur zu Haschisch oder Kokain zu greifen – gleich werden sich seine Gefühle mildernd verändern. Will er aber weniger überflüssig *sein*, dann muss er schon eine sinnvolle Aufgabe anpacken und zu der seinen machen, und wenn er nur einer gehbehinderten Frau »auf dem Platz vor der Madeleine« die Einkaufstasche nach Hause trägt. Wollte Joseph Roth sich weniger unsicher *fühlen*, musste er zur Flasche greifen, sogleich kehrte sein Sicherheitsgefühl »halbwegs«

zurück. Hätte er aber mehr Sicherheit *gewinnen* wollen, hätte er als allererstes dem Trinken entsagen müssen, um sein weniges Geld und sich gesundheitliche Risiken zu ersparen.

So betrachtet sind Suchtkranke Menschen, die sich mit etwas Unechtem zufrieden geben, statt nach dem Echten zu suchen. Was sie interessiert, ist, wie sich die Wirklichkeit spürbar abbildet, und nicht die Wirklichkeit selbst. Oft schämen sie sich, unternehmen aber lediglich etwas, um ihre Schamgefühle (kurzfristig) zu beseitigen, anstatt den Grund ihrer Scham (längerfristig) aus der Welt zu schaffen. Antoine de Saint-Exupéry hat das in der Begegnung des kleinen Prinzen mit dem Trinker präzise beschrieben:

*»Ich trinke«, antwortete der Säufer mit düsterer Miene.*
*»Warum trinkst du?« fragte ihn der kleine Prinz.*
*»Um zu vergessen«, antwortete der Säufer.*
*»Um was zu vergessen?« erkundigte sich der kleine Prinz, der ihn schon bedauerte.*
*»Um zu vergessen, dass ich mich schäme«, gestand der Säufer und senkte den Kopf.*
*»Weshalb schämst du dich?« fragte der kleine Prinz, der den Wunsch hatte, ihm zu helfen.*
*»Weil ich saufe!« erklärte ihm der Säufer und verschloss sich endgültig in sein Schweigen.*

Freilich hilft Alkohol, Schamgefühle zu beseitigen, aber wer zu diesem Hilfsmittel greift, ähnelt einem Mann, der die Feuersirene eines brennenden Hauses, in dem er sich befindet, ausschaltet, weil sie ihn in seiner Ruhe stört. Das Überflüssigkeits-, das Unsicherheits-, das Schamgefühl, die existentielle Frustration und Verzweiflung eines Menschen sind SOS-Rufe der Seele, Appelle an den menschlichen Geist, endlich etwas Sinnvolles zu unternehmen, Hilferufe des Gewissens, das nicht mehr hinter der Realität eines gelebten Lebens stehen kann. Wohl dem, der einen solchen Ruf nicht künstlich abschaltet, sondern in seiner ganzen Unangenehmheit aushält. Wohl dem, der darauf verzichtet, sich angenehmere Gefühle vorzugaukeln, und lieber lauscht den Signalen aus seinem innersten, heilen Wesenskern. Signalen, die auf einer »transzendenten Frequenz« die Botschaft vermitteln: »Es kommt nicht darauf an, dass das, was wir tun, uns ein gutes Gefühl gibt, sondern darauf, dass es gut *ist*. Aber *wenn es gut ist*, wird es uns letztlich ein besseres Gefühl schenken, als alles andere in der Welt ...«

Ich habe meine Betrachtungen zur Suchtproblematik mit zwei Zitaten von Hans Jürgen Skorna begonnen und möchte sie mit einem Gedicht von ihm beenden:

HOFFNUNG

– einem Alkoholkranken gewidmet –

*noch aus den Trümmern*
*deines Leidens*
*sendet dein besseres Ich*
*Signale aus*
*für den Neubeginn*
. . .
*begreife sie*

# »Hilf, Herr meines Lebens«

## Eine logotherapeutische Liedinterpretation

Der nachstehende Liedtext von Gustav Lohmann (1962; dritte Strophe von Markus Jenny 1970) könnte dem Ansinnen eines lebensfrohen, seelisch stabilen und für seine Zeitgenossen rundum angenehmen Menschen gleichgesetzt werden, Beihilfe zum Erhalt dieser seiner gesunden Eigenschaften zu bekommen:

> *Hilf, Herr meines Lebens,*
> *dass ich nicht vergebens*
> *hier auf Erden bin.*
>
> *Hilf, Herr meiner Tage,*
> *dass ich nicht zur Plage*
> *meinem Nächsten bin.*
>
> *Hilf, Herr meiner Stunden,*
> *dass ich nicht gebunden*
> *an mich selber bin.*
>
> *Hilf, Herr meiner Seele,*
> *dass ich dort nicht fehle,*
> *wo ich nötig bin.*

Was ist, psychologisch gesehen, das Gesunde an dem in diesem Lied Erbetenen?

Da ist das »nicht vergebliche« menschliche Dasein. Wenn es nicht als vergeblich bzw. überflüssig einzustufen ist, dann erfüllt es einen tieferen Sinn – *seinen*, den ihm einwohnenden Sinn. Dann ist es auch richtig gut, unhinterfragt gut, dass es diesen Menschen gibt und er unter uns auf Erden weilt.

Da ist ferner das für den Nächsten »keine Plage«-Sein. Das erspart dem Nächsten alle Notwendigkeit, sich zu schützen und zu verteidigen, Schmerzliches auszuhalten oder einzustecken und sich mit einem ehernen Panzer zu umgeben. Es befreit ihn von jeglicher »Notwehr«. Ein herrliches Geschenk an ihn!

Da ist das »nicht gebunden«-Sein an sich selbst: die selber befreite Person. Sie krampft nicht nach ihrem Vorteil, sie krallt nicht am Glück, sie geht nicht über Leichen zum Erfolg, sie verkauft sich nicht für ein wenig Zuwendung und hascht nicht nach Aufmerksamkeit. Sie ist authentisch und mit sich eins.

Und da ist schließlich das »nicht Fehlen«, wo man nötig ist. Der wache, *geistes-gegenwärtige* Mensch, der erkennt, was es zu tun gibt, und wann es zu ruhen gilt; der in die Bresche springt, wenn es darauf ankommt, und sich zurücknimmt, um den anderen ihren Einsatz zu lassen. Der unaufdringlich und großartig wirkt – im Hintergrund.

Ein heiles Seelenleben könnte mit keinem Kriterienkatalog besser beschrieben werden. Umgekehrt sind die Grundformen seelischer Störungen kaum passender zusammenfassbar als mit den Umkehrungen des im Text Erbetenen. Das »Vergebens-auf-Erden-Sein« ist der perfekte Ausdruck für depressive Befindlichkeit. Das »Seinem-Nächsten-zur-Plage-Sein« ist eine Kurzformel für die neurotische Lebensart. Das »An-sich-selber-gebunden-Sein« ist das herausragende Kennzeichen aller gleichgültig-brutalen Egozentrik. Und »Das Fehlen, wo man nötig ist« ist der gemeinsame Nenner für Versagertum und Lebensversäumnisse schlechthin.

Weil dem so ist, soll jeder Liedstrophe eine gesonderte Betrachtung gewidmet sein.

## I Hilf, Herr meines Lebens,
### dass ich nicht vergebens hier auf Erden bin.

*Eine Frau erzählte im Beratungsgespräch aus ihrem Leben. Sie habe einst ein uneheliches Kind geboren, was in der damaligen Zeit noch sehr geächtet gewesen sei. Ihr weiterer Lebensweg sei entsprechend schwierig verlaufen, doch habe sie das Kind unter Entbehrungen großgezogen. Schließlich habe sie in mittleren Jahren einen Freund gefunden und mit ihm eine hübsche Wohnung eingerichtet. Diese Eigentumswohnung mit kostbaren Möbeln sei ein uralter Wunschtraum von ihm gewesen, den sie zu zweit mühevoll verwirklicht hätten. Ihr Freund habe die Wohnung leider nur kurze Zeit genießen können, denn er sei früh gestorben. Seither lebe sie recht zurückgezogen.*

Dem Bericht haftet ein melancholischer Unterton an. Die Sachlage lässt sich jedoch auch anders interpretieren. Gerade in einer Zeit, in der allein erziehende Mütter wenig geschätzt oder gar unterstützt wurden, war es eine herausragende Leistung, ein werdendes Kind zu bejahen, es auszutragen und aufzuziehen. Das hat diese Frau getan. Und noch mehr: Sie hat einem lieben Gefährten geholfen, seinen Wunschtraum zu erfüllen und das schöne Zuhause zu erleben, nach dem er sich lange gesehnt hatte. Das ihm ohne sie nie gelungen wäre. Zwei Menschen hat sie unter Opfern glücklich gemacht. – Ist das nichts?

*Die Frau hat nicht vergebens gelebt, und als ihr dies im Gespräch klar wurde, wagte sie sich aus ihrer Zurückgezogenheit wieder heraus in der Bereitschaft, eine neue Aufgabe zu übernehmen. Bald klopfte eine solche an die Tür. In der Nachbarschaft erhängte sich ein 16jähriger Junge. Seine Mutter war völlig gebrochen. Die Frau besuchte die Mutter täglich und saß stumm bei ihr oder traf sie auf dem Friedhof und brachte ein paar Blumen mit. Wenn die Mutter weinte, weinte sie mit ihr. Nach Monaten erholte sich die Mutter, nicht zuletzt dank des gütigen Ausharrens jener Frau an ihrer Seite. Einer stillen, bescheidenen Frau, die nicht vergebens hier auf Erden ist ...*

Um Sinn in der Welt zu erfüllen, bedarf es einer gewissen Sorgfalt. Nämlich eines sorgfältigen Umgangs mit der Zeit, mit dem Vermögen, mit den eigenen Kräften, mit den Möglichkeiten usw. Wer nicht »haushalten« und sich auf Wesentliches konzentrieren kann, verzettelt und vergeudet sich. Die beschriebene Frau hat sich genügend Zeit genommen, ihr Kind zu erziehen. Sie hat ihr weniges Vermögen eingesetzt für die hübsche Wohnung. Sie hat Ausdauer und persönliche Anteilnahme aufgebracht, um der Nachbarin in der Trauer beizustehen. Sie hat Möglichkeiten ihres Lebens sinnvoll genutzt.

So unterschiedlich die Ausgangsbedingungen der Menschen sind – in einem Punkt sind sie für alle gleich: Für jeden hat der Tag 24 Stunden. Aufregend ist, was der Einzelne damit anfängt. »Die Leute, die niemals Zeit haben, tun am allerwenigsten«, bemerkte der scharfsinnige Literat Georg Christoph Lichtenberg bereits im 18. Jahrhundert. »Wer seine Zeit aus der Hand gleiten lässt, lässt sein Leben aus der Hand gleiten«, meinte Victor Hugo. An diesen Aussprüchen ist etwas daran. Wer mit seiner Zeit nicht richtig umgeht, ist meistens unzuverlässig, unpünktlich, steckt voller Unruhe, Hektik, innerem Druck und »schlechtem Gewissen«. Ständig behauptet er, keine Zeit zu haben, aber bei näherem Hinsehen bewegt er sich nicht von der Stelle.

Wie kommt das? Nun, der richtige Umgang mit der Zeit setzt eine Werteordnung voraus. Das große Wofür des jeweiligen Lebensabschnittes, das mäßig große, das durchschnittliche, das kleine und das winzige – im Bewusstsein. Wofür lebt man? Vorrangig? Nachrangig? Was hat wirklich Bedeutung? Was geht unnachholbar verloren, wenn man es in einer bestimmten Stunde übersieht? Hätte die Frau aus dem vorherigen Beispiel ihr Kind eine Dekade später erziehen können? Hätte sie ihrem Freund nach dessen Tod die Wohnung einrichten helfen können? Hätte sie im Jahr darauf ihrer Nachbarin Trost spenden können? Nein! Das Goethewort: »Gegenüber der Fähigkeit, die Arbeit eines einzigen Tages sinnvoll zu ordnen, ist alles andere ein Kinderspiel« ist wohl erweiterbar vom Tag auf die Woche, den Monat und auf das Leben.

Erweiterbar auch in anderer Richtung. Wer sich keine Zeit nimmt, die Dinge ordentlich zu erledigen, verursacht oft Schaden und Chaos. Er legt bei einer Bastelarbeit kein Papier auf die Arbeitsplatte und braucht danach Stunden, um den Klebstoff vom Tisch zu entfernen; um nur ein triviales Beispiel zu nennen. Analoges gilt für die Geldausgaben sowie für den Gebrauch eigener Kräfte. Wer Geld verschleudert, verschleudert auch seine körperlichen und geistigen Ressourcen. Er isst unregelmäßig und nebenbei, er achtet auf keinen gesunden Schlafrhythmus, er lässt seine Pläne versanden. Er korrumpiert seine glanzvollen Möglichkeiten. Möglichkeiten sind ja (wie das Geld) an und für sich unwirksam und werden erst mit ihrer Verwirklichung wirksam. Sie bedürfen jemandes, der sie zur Wirksamkeit erweckt. Unsere Möglichkeit, jemanden zu ermorden, bringt niemanden um. Unsere Möglichkeit, jemanden zu begleiten, holt niemanden aus seiner Verlassenheit. Nur die ergriffenen und in der richtigen Zeit umgesetzten Sinn-Möglichkeiten erfüllen Sinn.

»Hilf, Herr meines Lebens, dass ich nicht vergebens ...« ist eine Bitte, die Werteordnung zu erkennen, die mit allem vernetzt ist, was ich bin und habe. Das ganz große Wofür meiner Zeit, meines Vermögens, meiner gesundheitlichen und intellektuellen Kräfte im heutigen Tag zu erkennen. Wenn ich zutiefst im Herzen darum weiß, kann ich das geringe Wofür loslassen und »sparen«, was ich für das große brauche.

### II Hilf, Herr meiner Tage, dass ich nicht zur Plage meinem Nächsten bin.

*Ein Mann kauft für seine Frau eine Sideboard-Lampe, die unter einem Regal installiert werden soll. Er macht sich an die Montage, die aber misslingt. Da er weder Berufs- noch Hobby-Handwerker ist, weiß er nicht, woran es liegt, dass sich die Lampenteile nicht zusammenfügen.*

Wenn der Mann seelisch stabil ist, wird er die ergebnislosen Montage-Versuche allmählich einstellen und seiner Frau mitteilen, dass er die Lampe nicht befestigen kann. Daraufhin wird er einen guten Freund bitten, ihm zu helfen, oder einen Fachmann kommen lassen.

Wenn der Mann nicht seelisch stabil ist, gar an Insuffizienz- und Minderwertigkeitsgefühlen leidet und vielleicht schon öfters in seinem Leben von ihm erwartete Erledigungen zur Enttäuschung seiner Mitwelt nicht vollbracht hat, wird die Angelegenheit mit der Lampe schlechter ausgehen. Das Eingeständnis, dass er sie nicht befestigen kann, wird nicht über seine Lippen gelangen. Jedes »Ich kann nicht« würde ja die Wunde seiner vermeintlichen Minderwertigkeit vergrößern. Also muss er seine Montageversuche ohne »Ich kann nicht« abbrechen, was nur mit stellvertretendem Sündenbock geht. Das läuft dann so ab:

*Erst knurrt er, wie blöde die Lampe konstruiert ist. Dass »sie« heutzutage keine ordentlichen Dinge mehr erzeugen können! In der Wegwerfgesellschaft will jeder bloß schnell verdienen und nichts arbeiten … Nach dem Pauschalurteil über die amoralische Gesellschaft wird es konkreter. Er hat auch nicht das passende Werkzeug daheim. Und natürlich sind alle Anschaffungen im Haushalt wichtiger als diejenigen, die ihm nützen! Sollte die Frau auf den Seitenhieb nicht reagieren, weil sie ihr Ehemännlein kennt, muss er deutlicher werden. Außerdem braucht man zu einer derartigen Montage ein Stück Lampendraht zur Verlängerung. Er hat ja früher Reservedrähte in einer Kiste gehabt. Aber da sich seine Frau vor Jahren eingebildet hat, den Speicher aufräumen und ausmisten zu müssen, ist nichts mehr davon übrig. Deswegen ist sie selbst daran schuld, dass die Montage der Lampe dauern wird.*

Für den seelisch nicht stabilen Mann ist dieser Rückzug ideal. Er darf die Lampe samt Werkzeug aus der Hand legen, braucht keinen Nachweis zu erbringen, dass er die Lampe im Fall des Vorhandenseins von Reservedraht tatsächlich hätte befestigen können, und hat zudem noch jeglichem potentiell vorwurfsvollen Kommentar seiner

Frau vorgebeugt, indem sie entweder die Schuld auf sich nimmt (»Du hast Recht ...«) oder mit ihrer Verteidigung beginnt (»Ich konnte doch nicht den ganzen Krempel aufheben ...«). Kurzum, der Mann hat Zeit gewonnen, eine Lösung von außen herbeizuführen, ohne dass er als »Nicht-Könner« dasteht.

Der einzige Schönheitsfehler am Procedere ist, dass eben ein Sündenbock herhalten muss. Und das ist der »casus cnaxus«, denn niemand ist gerne Sündenbock. Zu welcher Reaktion die Frau auch neigen mag, ob sie traurig, verärgert, abgestumpft oder nachsichtig reagiert, auf jeden Fall rückt sie innerlich ein Stück von ihm ab. Ihr Mann sinkt in ihrer Achtung. Nicht, weil er mit der Lampe überfordert war, sondern weil er sich »schäbig« aus der Affaire gezogen hat. Seine Frau wird ihn kaum mehr um einen Gefallen bitten. Sie ist froh, wenn sie ihn für keinen Handgriff benötigt. Das wird er spüren – selbst wenn es zwischen den beiden unausgesprochen bleibt. Die Wunde seiner vermeintlichen Minderwertigkeit heilt nicht ab ...

Um für andere Menschen keine Plage zu sein, bedarf es eines gerüttelten Maßes an eigener seelischer Stabilität. Analog, wie man den Nächsten kaum liebt, wenn man sich selbst nicht liebt, fügt man dem Nächsten auch leicht ein Leid zu, wenn man selber leidet. Das gilt insbesondere für neurotische Verhaltensmuster. Zwei davon seien herausgegriffen, weil sie häufig dazu führen, dass sich zwischenmenschliche Beziehungen aussichtslos verheddern.

*Grundmuster I: Das hysterische Problemlöseverfahren*

1) X (= der neurotisch gestörte Mensch) löst ein Lebensproblem grundsätzlich nicht selbst. (Die Frage »warum« soll wegen der Komplexität des Sachverhaltes ausgeklammert bleiben, wobei im Prinzip immer ein überhöhter Angstfaktor mitbeteiligt ist.)
2) X bringt eine(n) ihm Nahestehende(n) dazu, eine Lösung für ihn zu suchen und zu finden. Seine dabei angewandten Mittel sind Varianten direkter und indirekter Druckausübung wie

Hilflosigkeitssignale, Gejammer, Verweigerung, Krankheitssymptome, Depressivität, Suizidandrohung.
3) Wenn der/die Nahestehende das Problem für X löst, ist das »in Ordnung«. Die Aktion ist aus Sicht von X prima abgeschlossen. Wenn der/die Nahestehende das Problem nicht zufriedenstellend löst, ist er/sie schuld. Auch das ist aus Sicht von X »in Ordnung«. Denn:
4) Über die bei dem/der Nahestehenden erzeugten (und durch entsprechende Vorwürfe oder demonstrative Verzweiflung von X verschärften) Schuldgefühle bringt X ihn/sie dazu, nach einer neuen Lösung zu suchen.

Die Vorteile eines solchen Verhaltens für X sind einleuchtend. Er hat keine Mühe mit Problemlösungen, was äußerst bequem ist. Er ist nie an Fehlschlägen von Problemlöseversuchen schuld, was herrlich entlastend ist. Und er hat auf gewisse Weise den/die Nahestehende(n) manipulativ in der Hand, was ihm ein verstecktes, heimliches Vergnügen bereitet.

Die Nachteile sind allerdings auch da. Immer wieder muss X Druck auf seine Mitwelt ausüben, immer stärker wächst er in die hilflose, depressive oder lebensmüde Rolle hinein. Er wird zunehmend abhängig von der ihm nahestehenden Person und unfähig, seine Probleme selber zu lösen. Am Ende hasst er den anderen, weil er ihn hoffnungslos braucht, und hasst sich selbst, weil er partout nichts kann.

Was der ganze Zirkel für den Nahestehenden, etwa für einen Vater, eine Ehefrau, einen Bruder oder eine Tochter bedeutet, ist unschwer zu erraten. Der oder die Betreffende soll alles für X erledigen, ist damit völlig überfordert, wagt es nicht, X »im Stich zu lassen« aus (berechtigter) Sorge um dessen Überleben, und – wird zum Dank gehasst.

*Grundmuster II: Verunsicherung als Problemverursachung*

1) X bildet sich keine eigene Meinung, weil er sich in der Bewertung von Menschen und Dingen unsicher ist. (Wiederum soll die Frage »warum« ausgespart bleiben. Im Prinzip ist ebenfalls ein überhöhter Angstfaktor ausschlaggebend.)
2) Ohne eigene Meinung ist X auf die Meinung anderer Menschen angewiesen. Nach ihr schielt er ständig, aber da sich die Meinungen anderer Leute nicht decken, steigt seine Verunsicherung. Was X unter dem Einfluss von A verspricht, hält er unter dem Einfluss von B schon nicht mehr. Er steht zu nichts.
3) Man kann X sichtliche Fehlbewertungen suggerieren. Beispielsweise ihm nahelegen, dass ein fleißiger Mitarbeiter von ihm faul und träge sei. X ist sofort geneigt, es zu glauben, »nachzuplappern« und unüberprüft weiterzuverbreiten.
4) Die Unsicherheit von X tritt massiv zutage, sobald er eine wichtige Entscheidung zu treffen hat. Meistens windet er sich zwischen einem klaren Ja und einem klaren Nein hindurch. Oder er lässt einfach den vorliegenden Zustand fortbestehen, auch wenn dieser unerträglich ist.

Obwohl es seltsam klingt, haben auch diese Mechanismen Vorteile für X. Ausnahmslos kann er sich auf andere berufen. Die andern hätten ihn falsch informiert, instruiert, dirigiert. Wo er ihnen gefolgt ist, ist es *ihre Verantwortung* gewesen; wo er im Folgeleisten umgefallen ist, weil wieder andere dagegengesprochen haben, ist es eben *deren Verantwortung* gewesen. Angesichts mitmenschlichen Erfolges kann X behaupten, er hätte den gleichen Erfolg gehabt, wenn ihn jemand dazu animiert hätte. Angesichts mitmenschlichen Scheiterns kann X behaupten, er habe es vorausgesehen aber nicht verhindert, weil sowieso keiner auf ihn gehört hätte. Auf welch groteske Weisen sich seine Scheu vor der Eigenverantwortung auch äußern mag, sie hat stets die vorgeblich »reinen Hände« zum Profit.

Die Nachteile aber sind gewaltig. Wer nicht lernt, sein Urteil selbständig an der Realität zu überprüfen, wird sukzessive realitätsfremder. Es häufen sich seine Fehleinschätzungen, die nicht selten in körperliche, seelische und soziale Zusammenbrüche einmünden.

Für die Mitmenschen ist die chronische Unsicherheit von X ein Alptraum. Nie können sie sich auf ihn verlassen, ständig sind sie von ihm verlassen. In seinem meinungslosen Zustand ist er auf keine Einigung festlegbar, sagt zu jedem Abkommen Ja und Amen, und verwirft es mit Leichtigkeit. Er spinnt sich in eine ungültige, fehleingeschätzte Welt ein, hält seine »reinen Hände« schützend über seinen Kopf und überlässt es den Mitmenschen, sich um den Rest des täglichen Lebens zu kümmern.

»Hilf, Herr meiner Tage, dass ich nicht zur Plage ...« ist folglich eine Bitte, die Werteordnung nicht nur zu erkennen, sondern auch den Mut zu haben, sich zu ihr zu bekennen. Zu bekennen mit dem unausweichlichen Risiko, das jedem echten Ja anhaftet, und im demütigen Wissen um die eigenen Begrenztheiten. Dennoch: zu bekennen mit leidenschaftlicher Liebe zu den Lösungen, die ersonnen, und zu den Fortschritten, die erzielt werden sollen in dem winzigen Bereich des je Eigenen – dem eigenen Verantwortungsbereich.

## III Hilf, Herr meiner Stunden, dass ich nicht gebunden an mich selber bin.

*Eine 24-jährige Frau suchte meinen Rat wegen eines wiederkehrenden »komisch unangenehmen Gefühls«, das ich ihr »wegtherapieren« sollte. Sie erzählte, dass sie drei Jahre lang mit einem Mann in einer gemeinsamen Wohnung gelebt habe. Danach habe sie einen zweiten Mann kennen gelernt, der attraktiver und von seiner Persönlichkeit her spaßiger und fröhlicher gewesen sei als der erste. Sie habe sich spontan entschlossen, ihre Sachen zu packen und in die Wohnung des zweiten Mannes zu ziehen. Soweit sei alles okay. Bloß beschleiche sie manchmal jenes »komisch unangenehme Gefühl«, wenn sie an den ersten Mann zurückdenke, ihm auf der Straße begegne oder sich an Orten aufhalte, an denen sie einst mit ihm zusammen gewesen sei.*

*Ich fragte die junge Frau, wie der erste Mann auf ihren »sang- und klanglosen« Auszug reagiert habe. »Ach«, antwortete sie, »er war traurig. Er hing sehr an mir. Deswegen habe ich ihm empfohlen, sich auch an einen Psychotherapeuten zu wenden.«*

Ist diese kleine Episode symptomatisch für unsere Zeit? Die Frau kann ihr Gefühl nicht benennen, sie hat keine Worte dafür. Noch vor 100 Jahren wäre ihre 3-jährige Beziehung zum ersten Mann eine normale Ehe gewesen, der höchstwahrscheinlich Kinder entsprungen wären. Die Beziehung zum zweiten Mann hätte dann unter den Stichworten »Untreue« bzw. »Ehebruch« rangiert. Diese Traditionen sind abgeschafft worden, aber etwas gehört zum Wesen des Menschen, das nicht abschaffbar ist. Ein Gespür ist im Menschen – keineswegs von den Traditionen einmassiert –, wonach sich Personen nicht willkürlich austauschen lassen und Liebe sich nicht auf Widerruf erlebt. Etwas meldet sich im Menschen, ein Stimmchen, das der rationalen Aussage, alles sei okay, glatt widerspricht.

Wer weiß, ob das Stimmchen, das sich unbeirrt regt, nicht das Beste am Menschen ist? Sein Gewissen? Kein aufgesetztes, von antiquierten Maßstäben geprägtes Überich – nein, das konnte es bei dieser Patientin wirklich nicht sein! Althergebrachtes lag ihr fern. Das innere Stimmchen hörte sie trotzdem und fühlte sich »irritiert«. Welchen Schluss aber zog sie daraus? – Der Seelenklempner sollte das Stimmchen unter die Hörschwelle zurückdrehen ... auch symptomatisch für unsere Zeit? Schuld und Trauer auszumerzen – sind wir Therapeuten dazu da?

Der Mensch mit seinem Ich-Bewusstsein hat ein Gegenüber: das Nicht-Ichhafte, das Duhafte, die Welt. Das Sein ist für ihn wie für keine andere Kreatur radikal zweigeteilt. Kinder machen diese ontologische Erfahrung in dem Augenblick, da sie statt ihres Namens das Wort »ich« benützen, z.B. statt »Peter hat Durst« »Ich habe Durst« sagen. Der nächste Entwicklungsschritt ist der imaginative Übertritt in die Nicht-Ichhaftigkeit hinein. Wenn »ich«, Peter, Durst habe, könntest »du«, Wilfried, auch Durst haben. Wie dem

Ich die Welt gegenübersteht, steht *den Bedürfnissen des Ichs die Bedürftigkeit der Welt* gegenüber. Mit diesem Gewahrwerden ist der Mensch von sich selbst losgebunden, aus der Monade fehlenden oder stumpfen Bewusstseins entlassen und fähig, die radikale Zweiteilung des Seins durch ein gemeinsames Interesse (inter = zwischen, esse = sein!) an sich und anderem/n zu überbrücken. Tut er es nicht, bindet er sich an sich selbst erneut an, kriecht in die Monade des Vormenschlichen zurück und riskiert den Protest seines Gewissens, des »Hüters seiner Menschlichkeit«.

*Jedenfalls erklärte ich der jungen Frau den ungeheuren psychohygienischen Gewinn eines Zusammenspiels von Entschuldigung und Verzeihung. Das eine ist fast nicht aufbringbar ohne das andere. Ohne beides wiederum ist Abschied kaum möglich. Ich fragte sie, ob beides stattgefunden habe zwischen ihr und dem ersten Mann. Sie machte große Augen. »Wieso?« Wenn nicht, fuhr ich unbeirrt fort, sei sie nicht verabschiedet von ihm, was sich in ihrem Unbehagen anzeige, wann immer sie an ihn erinnert werde. Es gelte deshalb, noch einmal mit ihm zu sprechen. Sie möge sich daheim in Ruhe überlegen, wofür sie sich bei ihm entschuldigen solle, und was sie andererseits ihm zu verzeihen habe, um dann einen diesbezüglichen Vorstoß zu machen.*

*Leider stellte sich heraus, dass der Mann zu keiner Aussprache mehr bereit war, aber die Patientin schrieb ihm noch einen Brief, in dem sie bedauerte, ihm weh getan zu haben, und versicherte, dass sie sein gekränktes Verhalten verstehen könne und nicht nachtrage. Wenn ihr irgendetwas schlussendlich geholfen hat, dann war es dieser Brief, der eigentlich dazu geschrieben war, ihm zu helfen ...*

Um nicht an sich selbst gebunden zu sein, muss über sich selbst hinausgeschaut und -gehorcht werden, mitgefühlt und -gedacht werden für andere(s), muss eben die Bedürftigkeit der Welt mit in Betracht gezogen werden. Eine reine Beobachtung der eigenen Bedürfnisse katapultiert uns aus der menschlichen Gemeinschaft hinaus, oder besser gesagt, lässt uns gar nicht erst in sie hinein: die Brücke bleibt wie eine mittelalterliche Zugbrücke hochgezogen. In welchen Minidetails sich dies zeigt, soll der nachstehende Hinweis verdeutlichen.

Laut Statistik aus den USA werden Mietwagen, verglichen mit anderen Autos, überdurchschnittlich oft zu Schrott gefahren. Unter den zurückgebrachten Mietwagen ist im Vergleich mit anderen Autos jedoch ein überdurchschnittlich hoher Anteil ohne jeden Kratzer. Wie das kommt? Die »Zu-Schrott-Fahrer« sagen sich halt: »Der Wagen gehört sowieso nicht mir«, und sitzen plumps in der Monade des Ichhaften. Was ihr Stimmchen dazu meint? – Wir können uns vorstellen, dass sie es gern mit allerlei Unfug betäuben, um es nicht hören zu müssen. Die »Ohne-jeden-Kratzer-Fahrer« hingegen sagen sich: »Der Wagen gehört nicht mir, deswegen passe ich besonders gut darauf auf«, und zeigen damit ihre »Identitätskarte« als Mensch vor. Als Mensch, der das Nicht-Ichhafte mit im Blick hat, konkordant mit seinem Gewissen.

»Hilf, Herr meiner Stunden, dass ich nicht gebunden ...« ist daher eine Bitte um Intensivierung unserer Empfindsamkeit für die Werteordnung, die sich über den eigenen Horizont hinausspannt; eine Bitte um Geleit auf die Brücke zur Welt. Denn auf jener Brücke zwischen Ichhaftem und Nicht-Ichhaftem sind wir stark. So stark, dass wir uns, unseren Lieben und den von uns übernommenen Aufgaben treu bleiben – und wenn nicht, dass wir uns entschuldigen und einander verzeihen können. Dass wir uns Anvertrautes nicht zu Schrott fahren, und unser Stimmchen in uns seine helle Freude hat!

## *IV Hilf, Herr meiner Seele,*
## *dass ich dort nicht fehle, wo ich nötig bin.*

*Ein Mann suchte Hilfe wegen seiner Computersucht. Er saß stundenlang vor dem Gerät, mit seinen Programmen beschäftigt, und kam davon nicht los. Sein Therapeut analysierte in 25 Sitzungen die Vorgeschichte des Patienten und präsentierte ihm als Ergebnis, dass seine Sucht eine Flucht vor seinen ehemaligen Kameraden darstelle. Diese Kameraden hatten den Patienten einmal freundschaftlich verulkt und gehänselt, was der Patient als herbe Demütigung aufgefasst hatte. Um einer Wiederholung des Vorfalls zu entkommen, würde er sich seit damals unbewusst hinter seinem Computer verbarrikadieren. Der Mann stimmte der Interpretation zwar zu, sah aber weiterhin keinen Ausweg aus seiner Computersucht.*

Logotherapeutisch steht die Problemrekonstruktion nicht im Vordergrund. Vorrang hat die Sinngestalt des Augenblicks, das »Eine, das not tut« (Frankl).

*Ein Mann kam wegen seiner Nikotinsucht zu mir. Er und die Tochter waren die Raucher in der Familie. Die Tochter hatte eine Entwöhnungskur per Hypnose hinter sich, ohne Erfolg. Nach einer schweren Lungenentzündung hatte sie sich gesundheitlich nicht mehr erholt, laborierte an verschleimten Bronchien und chronischem Husten herum und musste hohe Dosen Cortison schlucken. Der Vater hatte sie bestürmt, das Rauchen zu lassen, aber sie hatte achselzuckend darauf hingewiesen, dass er ja selbst nicht damit aufhören könne.*
    *Ich entdeckte eine angebrochene Zigarettenschachtel in der Jackentasche des Patienten und ließ sie mir reichen. »Haben Sie ein Foto Ihrer Tochter bei sich?« fragte ich, und er nickte. Ich bat darum, und er holte es aus seiner Börse. Mit einigen Klammern befestigte ich es auf der angebrochenen Zigarettenschachtel. »Tragen Sie nur diese eine Packung bei sich«, riet ich ihm. »Wenn Sie das Verlangen nach einer Zigarette überkommt, greifen Sie nach der Packung und betrachten Sie einen Moment lang das Foto Ihrer Tochter. Horchen Sie in sich hinein, ob sie wirklich rauchen oder die Packung*

*lieber unbenützt zurückstecken möchten; was Ihnen wahrhaftig mehr wert ist!«*

Der Mann ist seit eineinhalb Jahren von seiner Sucht geheilt. Er hat sich mit Hilfe des Fotos frei gestrampelt. Am Silvesterabend seines ersten kompletten Nichtraucherjahres erhielt er von seiner Tochter ein wunderbares Geschenk, nämlich die Beteuerung, ebenfalls ernsthaft mit dem Rauchen Schluss machen zu wollen. Sich selbst und ihm zuliebe. Zwei Monate hat die Tochter seither schon siegreich geschafft. –

Um nicht zu fehlen, wo man nötig ist, bedarf es eines wachen Bewusstseins. Wach in dem Sinne, dass Wichtiges beim gewohnheits- und mustermäßig ablaufenden Handeln nicht untergeht, sondern noch bemerkt und in die Routine integriert wird. Es besteht ein Unterschied zwischen dem Nicht-Merken-von-etwas und dem Unbewussten. So hat jener Psychotherapeut in Bezug auf den computersüchtigen Patienten behauptet, dieser wolle sich per Sucht »unbewusst« vor Demütigungen bewahren. Es sei, wie es will; ein Nicht-Merken-von-etwas jedenfalls bewegt sich auf anderen Geleisen. Niemand ist etwa sportfaul, weil er »unbewusst« im Alter steife Gelenken haben möchte. Er ist sportfaul, weil er eine Zeitspanne lang nicht merkt, dass seine Gelenke immer steifer und unbeweglicher werden. Wenn er es endlich merkt, ist es meist zu spät.

Mit nicht wachem Bewusstsein handelt man, wie man »in the long run« nicht wünschen wird, gehandelt zu haben. Man gewöhnt sich eine ungesunde, faule, gleichgültige oder unschöne Verhaltensweise an, aus der man, da sie zur Gewohnheit geworden ist, nicht leicht aussteigt. So wird sie einem zum Verhängnis. Der eine geht nie vor Mitternacht schlafen und erntet mit der Zeit die Früchte des Schlafmangels. Der andere lutscht beim Fernsehen ständig Süßigkeiten und leidet später an typischen Gebrechen aufgrund von Ernährungsfehlern. Ein Dritter rafft sich zu keinerlei kulturellen Betätigungen auf und wundert sich nach Jahren, dass er nirgendwo mitreden kann. Ein Vierter fängt bei jeder Kontroverse zu Brüllen an, als ob Lautstärke das bessere Argument wäre, und landet in frostiger Isolation. Diese Menschen handeln nicht unbewusst in Richtung dessen, was sie erreichen wollen, sondern unbemerkt in Richtung dessen, was sie *nicht* erreichen wollen. Sie wollen nicht in ihrer Zukunft schlafgestört, aufgedunsen, ungebildet und alleingelassen sein, obwohl sie exakt darauf hinarbeiten, weil sie gar nicht registrieren, was sie tun. Die Gewohnheit ist eine mächtige Herrscherin!

Um die Herrscherin zur Dienerin zu machen, muss mit wachem Bewusstsein durchs Leben gegangen werden. Wer sich angewöhnt, bei jedem Ärger ein Glas Schnaps zu trinken, kann Ärger ohne Schnaps bald nicht mehr verkraften. Wer sich morgens eine kurze Meditation angewöhnt, stimmt sich bald automatisch mit Gelassenheit auf jeden neuen Tag ein. Das Positive und Vernünftige, das wir in unsere Habits einbauen, hilft uns, wie uns das Negative und Unvernünftige, das wir einbauen, schadet. Wobei es Kennzeichen eines Habits ist, dass er eben »wie im Schlaf« beibehalten wird, es sei denn, es kommt zu einem – im Schadensfall: schlimmen – »Aufwachen«. Dann wird (leider im Nachhinein!) gewusst, was gefehlt hat: die kleine Variante in der täglichen Routine, die alles verändert hätte. Der Schnaps weniger, die Meditation mehr, was es auch ist, ein winziges Detail, kontinuierlich verfeinert, hätte das ganze Leben zu anderen Gestaden gesteuert. Und nicht nur, was gefehlt hat, auch wo man selbst gefehlt hat, zeigt sich im Nachhinein dem aufgewachten Bewusstsein in Übergröße. Nur, was nützt es? Was wird es dem computersüchtigen Mann nützen, eines Tages zu erkennen, an welchen Orten, in welchen Gemeinschaften und bei welchen zukunftsträchtigen Gelegenheiten er gefehlt hat, während er gebannt auf die flüchtigen Zeichen der Bildschirmwelt gestarrt hat? Auf dem Totenbett ist kein Lebensversäumnis mehr ausräumbar.

»Hilf, Herr meiner Seele, dass ich dort nicht fehle ...« ist daher eine Bitte um Intensivierung des Wachheitsgrades unseres Bewusstseins. Alle Werte brauchen Pflege, ob es sich um Ich-Werte (Gesundheit, Beweglichkeit, Bildung) oder Du-Werte (Beziehung,

Altruismus, Sozietät) handelt. Sie brauchen tägliche Pflege wie die Zähne das Putzen. Tägliches aber automatisiert sich zu un-bedachter, weil »selbstverständlicher« Routine. Die Bitte erfleht folglich Seinen Beistand bei der Achtsamkeit, dass sich Wertpflege und nicht Unwertpflege in unsere Routine einschleicht. Denn was wir uns angewöhnen, jenes gehäufte, nahezu unmerklich gewordene tägliche Einerlei im Umgang mit uns selbst und anderen, wird dareinst über unser geistiges Dagewesensein oder Gefehlthaben entscheiden.

# Ein Grund zu leben?

## Sinnfrage-Aufbruchszeiten und suizidales Handeln

Suizidales Handeln lässt kausales Forschen an seine Grenzen stoßen wie kaum ein anderes psychologisches Phänomen. Denn einen ursächlichen Grund sich umzubringen, hat praktisch jede(r) von uns jederzeit. Ein einzelnes Menschenleben, das über die Kindheit hinausgelangt ist, gleicht einer ganzen Weltgeschichte. Es ist voll von Tragödien und Komödien, Täuschungen und Enttäuschungen, Versuchungen und Verirrungen, gelegentlichen Glanzlichtern und einer Menge simpler, alltäglicher Plage. Dass es dennoch beständig weitergeführt wird, heißt noch lange nicht, dass es bewusst als wert erachtet wird, weitergelebt zu werden. Der uns eingepflanzte Selbsterhaltungstrieb verbirgt sich unter einer gedankenlosen Nichthinterfragung des eigenen Daseins, wobei die Erledigungen des Augenblicks Vorrang haben vor existentiellen Erwägungen großen Stils. Das ist zweifellos naturgewollt – dass die Amsel nur Ausschau hält nach dem nächsten fressbaren Wurm, und nicht fragt, ob sie den Winter überdauern wird, und wozu dies gut wäre, und dass der Mensch sich um seine Geschäfte kümmert, und nicht ständig sinniert, ob er dabei sisyphusähnlich etwas aufbaut, das sowieso wieder verfällt.

Demzufolge wird die jeglichen Trieb transzendierende Sinnfrage normalerweise nicht explizit gestellt, sondern »in der Tat« beantwortet durch konkretes Tun. Wobei Sinnerfüllung, wenn auch indirekt-unbewusste, und relatives Wohlbefinden wie aus einem

Guss zusammenfließen in einer Art »Durchschnittszufriedenheit« und inneren Übereinstimmung selbst noch mit der täglichen Plagerei, weil man eben – zumindest vordergründig – weiß, wofür man sich plagt.

Es gibt jedoch Abweichungen vom normalen Leben, die die Sinnfrage heftig aufbrechen lassen.

1) *Besonders leichte Lebensphasen,* in denen fast alles vorhanden ist, was man sich wünscht, bloß kein Ziel, auf das hingelebt werden könnte, keine Notwendigkeit, sich um etwas zu bemühen, und keine Wertschätzung des gegenwärtigen Glücks.

2) *Besonders schwere Lebensphasen,* in denen Abschiede von geliebten Menschen oder von tragenden Wertverwirklichungsmöglichkeiten geleistet werden müssen, und das eigene Leben ohne sie völlig leer erscheint.

3) *Konfliktzeiten,* in denen das als sinnvoll und das als lustvoll Wahrgenommene unüberbrückbar auseinanderklaffen und der Mensch hin- und hergerissen wird zwischen Pflicht und Neigung, Schuld und Lebensversäumnis, Sehnsucht und Erlaubtem.

Diese drei »Sinnfrage-Aufbruchszeiten« sind fundamentale Anstösse, nach echten Gründen fürs Leben und Weiterleben Ausschau zu halten und im Falle des Fündigwerdens bewusst Ja zum Leben zu sagen, ein »Trotzdem-Ja«, ein Ja zum Selbsterhaltungstrieb (der wie jeder Trieb auch verneint werden kann!), und damit schlussendlich eine explizite Antwort auf die Sinnfrage zu geben.

Geschieht das nicht, kommt es also zu keinem Fündigwerden, dann steigt die Suizidgefahr, in welcher Form auch immer, rapide an, und zwar nicht deswegen, weil plötzlich ein massiver Grund zum Sterben vorläge, sondern weil im »aufgewachten« und aufgerüttelten Bewusstsein des Menschen der Grund zum Leben fehlt. Es kann dann nicht mehr in gedankenloser Nichthinterfragung des

Daseins weitergemacht werden wie gehabt. Man ist sozusagen aus der Ebene der alltäglichen Erledigungen herausgeworfen und hineinkatapultiert worden in eine existentiell höhere Ebene, von der aus die Gesamtheit des eigenen Seins und Werdens »zur Erledigung ansteht«. Wie bewältige ich die Aufgabe meines Lebens? Bin ich für irgendetwas wichtig? Bin ich überflüssig? Bin ich bereit, unter den vorliegenden Bedingungen anzutreten? Habe ich eine Chance, dass sich mein Leben jemals ändert? Habe ich es falsch gelebt und verdorben? Ist es mir total verdorben worden? – Das sind die Fragen, die nach Antworten heischen und denjenigen zur Verzweiflung bringen, in dessen Seele sich keine solchen einstellen wollen. Was aber könnten lebensrettende – weil das Ja zum Leben errettende – Antworten sein? Betrachten wir nochmals die drei kritischen Zeiten.

Da ist die *besonders leichte Lebensphase*. Merkwürdig, dass sie uns Schwierigkeiten bereitet. Jeder träumt von einem angenehmen, sorgenfreien Dasein. Aber nur der Traum ist ungefährlich, die Wirklichkeit des bequemen Lebens ist überaus problematisch. Der Mensch erstickt gleichsam in einem inhaltslosen Vakuum. Wenn alles da ist, ist er zu nichts gefordert, ohne Druck muss er sich nichts abverlangen, ohne Beschränkung ist Freiheit die reine Qual. 70% aller Selbstmörder leben in positiven äußeren Verhältnissen, ohne Geldnöte, mit einem Dach über dem Kopf, abgeschlossenen Berufsausbildungen und entsprechenden Karrieremöglichkeiten. Sie haben Freunde und diverse Unterstützungen. Woran es ihnen mangelt, ist ein Vernehmen des Gerufenseins zur kreativ-konstruktiven Mitgestaltung der Welt; der Ruf an sie ist im Vakuum verklungen.

Deshalb stürzen sie sich in zweifelhaften Genuss, nervenkitzelnde Auffüllung von Langeweile und unverantwortbares Totschlagen von Zeit. Wo alles gleich-gültig ist, sinkt auch die Moral, und das Beziehungslose nimmt mehr Raum ein als das wahrhaft Bezogene. Dennoch ist der Sinnanruf kontinuierlich da; er hallt in den Tiefen des Gewissens wider und lädt dringend dazu ein, alle segensreichen Umstände der leichten Zeitepoche gebündelt einzusetzen zum

Wohle derjenigen, die es sichtlich weniger leicht haben. Bescheidenheit und Selbstbeschränkung, Eigeninitiative und Nächstenliebe sind die Rezepte, die auch die schöne, erfolgsgekrönte, gesunde und, ach, verführerische Zeit mit Antworten auf die Sinnfrage ausstatten, mit denen einverständlich gelebt und weitergelebt werden kann.

Wenden wir uns jetzt der *besonders schweren Lebensphase* zu. Eine Leiderfahrung gleicht dem Abbruch eines Steinchens am Berghang. Entweder wird irgendwann eine Lawine daraus, die ein ganzes Dorf unter sich begräbt, oder das brüchig gewordene Geröll wird zum Motiv, den Hang neu aufzuforsten und mit dem Jungwald Schutz und Luftreservoir für die Dorfbewohner zu schaffen. Welches von beidem geschieht, hängt von der Sinndeutung des Leidens ab. Wird es als »Weltuntergang« gedeutet, wächst die Gefahr eines seelischen Kollapses, im Bild: die Lawine. Wird es als Aufgabe und Bewährungsprobe gedeutet, wachsen die Kräfte zur Überwindung und seelischen »Auferstehung«, im Bild: zur Neubepflanzung.

Wann aber ist »Weltuntergangsstimmung« angesagt? Nun, immer dann, wenn Werte verlustig gehen, auf die ein Eigentumsanspruch erhoben worden ist, als wären wir ihre Besitzer, und sie unser Hab und Gut. Werte existieren nicht im Raum des Habens. Sie kommen und gehen, berühren und bewegen uns in geistigen Sphären, begleiten uns auf der Wanderung durch die verschiedenen Altersstufen, und erzählen vom Wunder der Welt. Nicht umsonst nennt Viktor E. Frankl sie »Platzhalter für den Herrn«. Sie zeigen sich im Gesicht eines geliebten Menschen genauso wie in der Freude an einer herrlichen Musik oder in der Faszination einer überzeugenden Tätigkeit. Dennoch: Sie gehören uns nicht. Der Geliebte gehört uns nicht, die Kunst, die Arbeit gehören uns nicht. Der Geliebte verlässt uns oder stirbt hinweg, die Musik erschließt sich keinen tauben Ohren mehr, und die Arbeit wird uns spätestens im Alter, mitunter schon vorher in Wirtschaftskrisen, aus der Hand genommen. Grund genug für die berüchtigten Kurzschlusshandlungen vieler Selbstmörder? Oder überwältigender Grund zur Dankbarkeit für das Empfangene, und Offenheit für noch bestehende Wertmöglichkeiten? – Lawine oder Aufforstung, das ist die Frage ...

Betrachten wir schliesslich die *Konfliktzeiten*, in denen es auf die eine, die richtige Antwort ankommt wie kaum sonst. Etwas steht auf der Kippe. Vielleicht sind Werte vorhanden, aber nicht miteinander unter einen Hut zu bringen. Vielleicht winkt das Glück aus einer Unwert-Ecke zu. Um die Entscheidung führt kein Weg herum – selbst Nichtstun ist eine Entscheidung. Und jede hat Folgen. Manchen Menschen wird angesichts dessen angst und bange. Können, Wollen und Sollen sind nicht mehr in Einklang zu bringen, und nur der Tod, so meinen sie, befreit sie aus dem Dilemma. Allein, der Tod löst keine Probleme, er verschiebt sie bloss von einem zum anderen. Die Hinterbliebenen bekommen aufgehalst, was der Selbstmörder abgestreift hat. Kein schönes Vermächtnis!

Was da not tut, ist Mut. Der Mut zu Selbstüberwindung und Verzicht, wenn es sein muss. Der Mut, eine Entscheidung zu treffen in der Ungewissheit ihres Ausgangs und der Gewissheit des Herzens. So widersprüchlich dies scheint, zählt es doch zu den Seltsamkeiten des Lebens, dass wir den Sinn am stärksten erfühlen, wenn er uns am unbegreiflichsten und entferntesten dünkt. Ja, Mut gehört dazu, Konflikte heil zu durchschiffen, aber auch Vertrauen in die Offenbarung der Stille. Denn die Stille ist es, in der wir die zarten Weisungen des Herzens vernehmlich empfangen, die uns wieder neu den Weg weisen – ins Leben.

Das Gesagte kann auf menschliche Gesellschaften übertragen werden. Gefährdet in Richtung kollektiven Selbstmordes sind sämtliche *Wohlstandskulturen, Notstandskulturen* und *Wertewandelkulturen*. Der Wohlstand ist die zu leichte Abweichung vom gesunden Mittelmass, die Überfluss und Überdruss mit exzessiven Neigungen zu perversen Lebensformen erzeugt. Der Notstand ist die zu schwere Abweichung vom gesunden Mittelmaß, die Korruption und Apathie mit erheblichen Rückfalltendenzen in primitiv-animalische Lebensformen fördert. Und der Wertewandel, der stets mit einem Werteverfall beginnt (ohne stets zu einer Werterenaissance vorzustoßen!), stellt die konfliktgeladene Abweichung von der Stabilität dar, in der althergebrachte Lebensformen der Fragwürdigkeit anheimfallen. Wie eine Kombination aller drei gefährdeten Kulturen aussehen kann, möchte ich an Hand eines Auszugs aus einer Utopie von Karl Michael Armer demonstrieren, der mit ihr 1982 den Literaturwettbewerb des Luchterhand Verlags zum Thema: »Wie werden wir leben?« gewonnen hat.[39]

In der Geschichte kommt ein Selbstmord vor. Aber es ist nicht der geschilderte Todessprung einer anonymen Frau, der zum Nachdenken anregt, sondern die Reaktion der Mitwelt darauf, die von einem Dahinsterben anderer Art kündet – dem Tod des Menschlichen. Was hier zu Grabe getragen wird, sind exakt jene zarten Weisungen des Herzens, die in einer Umgebung äußeren Wohlstandes, inneren Notstandes und moralischer Demontage gestorben sind. Damit diese Utopie nicht einmal bittere Realität wird, ist jeder von uns gefordert, »Sinnfrage-Aufbruchszeiten« zu nützen, unter welchem Vorzeichen sie auch stehen mögen, um sich selbst die besten Antworten auf die Sinnfrage abzutrotzen, deren er mächtig ist.


*AUSZUG AUS DER UTOPIE VON K. M. ARMER*

*... Das wird mir ein bisschen zu hoch, was F. da von sich gibt. Darum bin ich ganz froh, als es plötzlich Action gibt. Eine junge Frau ist irgendwo im 25. Stock über das Balkongeländer geklettert. Jetzt steht sie da oben in ihrer geblümten Kittelschürze, hält sich mit einer Hand fest und schaut runter auf die Betonplatten.*
   *»Hey, da wird 'ne Wohnung frei«, grinst P.*
   *»Warum die wohl ihren Pass abgibt?« frage ich.*

*»Wahrscheinlich hat sie das falsche Waschmittel genommen und die Flecken nicht aus dem Hemd von ihrem Alten gekriegt«, sagt E. belustigt. »Und der hat sie gekränkt angeschaut, und da ist ihre ganze kleine Welt zusammengebrochen.«*
*»So endet das Leben einer braven Hausfrau«, seufzt P. »Ergreifend! Ich könnte in mein Hemd weinen.«*
*Inzwischen hat sich eine Menge Volk unten versammelt. Auch die Balkone und die Fenster sind dicht besetzt. Gelächter wird laut. Die Stimmung ist gut. Endlich ist was los.*
*»Die hat 'ne ganz schöne Sehbeteiligung«, sagt F.*
*Fast wie auf das Stichwort taucht das Fernsehen auf. Ich schaue auf die Uhr. Drei Minuten, nicht schlecht. Allerdings sind es die Jungs vom Kanal 16, die mussten praktisch nur um die Ecke kommen.*
*»Du nimmst sie in der Totalen«, schreit der Regisseur seinem 1. Kameramann hektisch zu. »Als winzige Ameise im Betondschungel. Das gibt Impact. Und die Zeitlupenkamera kommt ganz von unten, aus der Froschperspektive. Geh' direkt unter den Balkon! Es muss aussehen, als fällt sie direkt in die Kamera. Wann springt die blöde Kuh denn endlich?«*
*»Ja, spring schon!« schreit einer von den Zuschauern. »Zeig uns, was du kannst!«*
*»Los, wir wollen was sehen!« brüllt ein anderer, der mit einer schussbereiten Instamatic auf dem Nachbarbalkon steht.*
*Die Frau schaut sich verwirrt um. In der Wohnung hinter ihr sieht man hastige Bewegungen. Da scheinen ein paar besonders Fixe schon die Reichtümer auszuräumen.*
*Plötzlich hört man ein paar Häuser weiter das Tatütata der Feuerwehr. Was wollen die denn hier? Verdammt, wir wollen keine Rettungsaktion sehen, sondern einen guten Sprung mit viel Matsch und Blut! Schnell werden ein paar geparkte Autos in den Zufahrtsweg gerollt, aber diese brutalen Irren boxen sie mit ihrem dicken Löschzug einfach zur Seite.*
*Aber damit kommen sie bei uns noch lange nicht durch. Flaschen fliegen auf den Weg, zersplittern vor den Reifen des roten Trucks. Plopp, plopp, einen Platten nach dem anderen, und die Feuerwehrkarre bleibt auf den Felgen liegen. Die Besatzung springt raus, völlig genervt. Trotzdem*

*versuchen sie, ihr Sprungtuch aufzuspannen. Aber dass aus einem der Fenster sofort ein Molotow-Cocktail in ihr Trampolin fliegt, gibt ihnen den Rest.*

*»Verdammt noch mal, seid ihr hier alle verrückt geworden?« tobt ihr Häuptling.*

*Er kapiert einfach nicht, dass sie die Show stören. Dass sie Spielverderber sind. Schließlich hat jeder das Recht auf ein bisschen Unterhaltung, oder?*

*Als die Frau dann tatsächlich springt, schaut in dem Durcheinander kaum einer hin. Aber zum Glück kommt es ja heute abend im Fernsehen. In Zeitlupe.*

# »Blick zurück im Zorn«?

## Der Rückschaufehler und seine Bedeutung für die Psychotherapie

In der psychotherapeutischen Praxis begegnet man vielen Menschen, die »im Zorn zurückblicken«. Worauf? Zum Teil auf die Erziehungsfehler ihrer Eltern oder anderer Bezugspersonen, denen sie die Schuld an eigenen psychischen Defekten anlasten. Ein ganzes Genre psychologischer Literatur unterstützt sie dabei. Zum Teil auch auf gesellschaftliche und politische Missstände, unter denen sie aufgewachsen sind, und von denen sie sich um ihr Lebensglück betrogen fühlen. Eine Reihe soziologisch-systemischer Theorien bietet ihnen den entsprechenden Nährboden dafür. Schweift der »Blick im Zorn« nicht bis in die Kindheit und Jugendzeit zurück, sondern begnügt er sich mit dem jüngeren Lebensabschnitt eigenen Erwachsenendaseins, sind es in erster Linie Arbeitgeber oder Arbeitskollegen und Ehepartner oder Lebensgefährten, denen der Zorn gilt. Sie hätten mit ihrem Benehmen ausufernde Probleme geschaffen, Stress erzeugt und zwischenmenschliche Spannungen aller Art hervorgerufen.

Wie sich die geistig-seelische Befindlichkeit eines Menschen unter dem Vorzeichen eines Dauer-»Blicks zurück im Zorn« verkrampft und vernebelt, brauche ich nicht abzuhandeln. Der Phantasie sind diesbezüglich keine Grenzen gesetzt. Ich möchte einer anderen Frage nachspüren, nämlich der, wie objektiv zutreffend und in der Sache gerechtfertigt derartige »Blicke zurück im Zorn« durchschnittlich sind. Denn die empirische Psychologieforschung kennt seit langem Fehler beim Urteilen und Erinnern, so genannte

»kognitive Täuschungen«, darunter das hochinteressante Phänomen des »Rückschaufehlers«. Es wurde erstmals in den 70er Jahren von B. Fischhoff und G. Wood beschrieben und zu Beginn der 90er Jahre von den Wissenschaftlern J. J. Christensen-Szalanski & C. F. Willham, S. A. Hawkins & R. Hastie, R. Pohl und C. Schmidt in sorgfältigen Studien untersucht. Die Relevanz ihrer Forschungsergebnisse für die Denkfiguren der Psychotherapie ist jedoch bisher kaum reflektiert worden.

Der Rückschaufehler ist die Verfälschung der Erinnerung an frühere Wissenszustände, Meinungen und Urteile durch zwischenzeitlich aufgenommene Information. Im Amerikanischen wird er auch als »biased judgements of past events after the outcomes are known« oder »the knew-it-all-along-effect« definiert. Es geht generell um verzerrte Vorstellungen von Vergangenem. Rüdiger Pohl, Professor an der Universität Eichstätt, demonstriert das Phänomen an Hand einer einfachen experimentellen Versuchsanordnung:[40]

*Die Personen werden gebeten, die Antworten zu schwierigen Wissensfragen, z.B. nach der Länge der Donau, zu schätzen. Nach einiger Zeit erhalten sie die Lösungen zu den Fragen und werden gebeten, ihre ersten Schätzungen zu erinnern. Ein typischer Befund ist dann, dass die erinnerten Schätzungen im Mittel zu nahe an den Lösungen liegen. Bei dem Donau-Beispiel könnte es sein, dass eine Person zunächst »2200 km« schätzt, dann die Lösung erfährt (2852 km) und sich danach an eine Schätzung von »2400 km« erinnert. Dieses Phänomen wird als Rückschaufehler bezeichnet. Es ist äußerst robust und mittlerweile in zahlreichen Untersuchungen nachgewiesen worden.*

Rüdiger Pohl weist in seinen Schriften auf eine besondere Täuschungsgefahr hin, die daraus resultiert. Rückschau bedeutet ja, dass der Rückschauende bereits älter ist als er es war, als geschah, worauf er zurückschaut. Spätere Zeitpunkte im Leben vermehren aber sukzessive das Wissen um die Ausgänge früherer Ereignisse. Hat sich etwa ein 34-jähriger Mann mit 30 Jahren um einen

Ausbildungsplatz beworben, wusste er mit 30 Jahren nicht, ob er den Platz erhalten würde. Aber er weiß mit seinen jetzt 34 Jahren genau, ob er ihn erhalten oder nicht erhalten hat, und welche Konsequenzen ihm daraus in den letzten vier Jahren erwachsen sind. Das von ihm mittlerweile erworbene Wissen beeinflusst nun seine Erinnerung an seine damalige Einschätzung der Situation und verleitet ihn zu einem Fehlurteil in Richtung: »Das musste ja so kommen«, »Das hätte ich gleich wissen können«, »Das war nicht anders zu erwarten«, etc.

Dieselbe Urteilsverfälschung durch Retrospektion wird auch auf andere ehemals beteiligte Personen übertragen, beispielsweise bei der Erinnerung an einen Unfall. Eine spätere Rekonstruktion des Unfallablaufes lässt im Nachhinein weitgehend verstehen, wie es dazu hat kommen können. Dieses nachträglich gesammelte Wissen ist jedoch trügerisch, weil es eine frühere Kontrollierbarkeit und gar Verhinderbarkeit des Unfalls suggeriert, die keineswegs vorhanden gewesen sein muss, verbunden mit entsprechenden Vorwürfen an die involvierten Personen (»Habt Ihr denn nicht begriffen ...?«, »Wie konntet Ihr bloß ...«, »Ich hätte ganz anders gehandelt ...!« etc.) Rüdiger Pohl nennt insbesondere die Geschichtsschreibung ein perfektes Beispiel für im Nachhinein gut verständliche gesellschaftliche und politische Prozesse, die auf Grund des Rückschaufehlers späterer Generationen als »schon ehemals vorhersagbar und rechtzeitig korrigierbar« erscheinen, was sie mit Sicherheit niemals waren.

Das für die Wissenschaftler Erstaunliche ist, dass Versuche einer manipulierten Fehlerreduzierung im Labor praktisch erfolglos geblieben sind. Man hat deshalb die aus den 70er Jahren stammenden »motivationalen Erklärungen« des Rückschaufehlers aufgegeben. Solche gingen von (unbewussten?) Motiven im Menschen aus, vergangene Dinge nachgebessert oder verschleiert sehen zu *wollen*. Bei dem Donau-Beispiel etwa hätte sich spekulieren lassen, dass die Versuchspersonen vor sich selbst oder ihren Experimentatoren klüger dastehen hatten wollen, indem sie ihre ursprünglichen Längenschätzungen im Nachhinein in die Nähe der echten Donaulänge

»hinmogelten«. Aber derselbe Fehler trat auch auf, wenn sie schätzen sollten, was fremde Leute zur Donaulänge sagen würden, und diese Schätzungen nach Informationserhalt erinnerten; wenn somit ein positives Selbstbild und ähnliche soziale Wünschenswertigkeiten nicht die geringste Rolle spielen konnten.

Anfang der 90er Jahre sind die »motivationalen Erklärungen« durch »kognitive Erklärungen« ersetzt worden. Man weiß inzwischen, dass das Phänomen »unsere fast unbegrenzte Fähigkeit zu lernen widerspiegelt« (Pohl). Jede neue Information zu einem Sachverhalt wird vom menschlichen Gehirn sofort in die alten Wissensstände »enkodiert«, was die alten Wissensstände »aktualisiert«, und das heißt eben verändert. Was in der Bezeichnung und Beschreibung des Rückschaufehlers mithin unerfreulich wirkt, weil fehlerhaft, täuschend und in die Irre führend, das erfüllt in Wirklichkeit einen eminenten, naturgegebenen Sinn, wonach es für unser Wohl und Weiterleben wichtiger ist, immer am neuesten Interpretations- und Beurteilungsstand zu sein, als Dinge exakt im Gedächtnis zu speichern, die längst passé sind.

Um nochmals das Donau-Beispiel zu benützen: Vereinfacht ausgedrückt kommt es neuronal zunächst zu getrennten Gedächtnisspuren für die ursprüngliche Schätzung und die erfahrene Lösung. Je stärker die Spur für die Lösung wird, desto stärker ist später der Rückschaufehler, wie Messungen vor allem von W. Hell[41] gezeigt haben. Je intensiver also eine Information verarbeitet wird, desto größer ist ihr Einfluss auf die rekonstruierte Erinnerung – die Gedächtnisspur für die Lösung bekommt immer mehr Gewicht. Die Koexistenz beider »Spuren« erschwert den Zugang zur alten Gedächtnisspur, bis Letztere schließlich durch die neue substituiert wird.

Wenden wir uns jetzt der wenig bedachten Bedeutung des Phänomens für die Psychotherapie zu. Die in der Psychotherapie gebräuchliche Gesprächsform besteht in einer gemeinsamen Rückschau des Patienten und Therapeuten auf die Lebensgeschichte des Patienten. Das ergibt sich aus dem Bedürfnis des Patienten zu erzählen, was ihm Bedrückendes widerfahren ist. Probleme haben nun einmal ihre Genesis. Obwohl die Rückschau heutzutage dialogischer als früher gestaltet wird, ist dennoch klar, dass der Therapeut keine eigene Erinnerung an die Lebensgeschichte des Patienten besitzt, sondern sein diesbezügliches Wissen zur Gänze aus der Erinnerung des Patienten schöpfen muss. Ist die Erinnerung des Patienten durch den Rückschaufehler verzerrt, ist das Wissen des Therapeuten genauso verzerrt. Hier bricht die gravierende Frage auf, ob ein Therapeut auf der Basis verzerrter Informationen überhaupt adäquate Hilfestellung leisten kann? Oder ob es vielleicht umgekehrt ist, dass nämlich die adäquateste Hilfestellung des Therapeuten exakt auf einer vorsichtigen »Gegenverzerrung« von Informationen beruht?

Um zu einer Antwort zu gelangen, wollen wir erst rekapitulieren, wann die Gefahr (bzw. Chance) eines Rückschaufehlers beim Patienten steigt. Dann, so haben wir gehört, wenn eine zweite Gedächtnisspur mit neuen Informationen mit der alten Spur interferiert. Wer oder was legt also zweite Gedächtnisspuren bei den Patienten – in Analogie: Wer sagt ihnen, wie lang die Donau tatsächlich ist? Unter den vielen möglichen Varianten möchte ich zwei herausgreifen, die am häufigsten zu beobachten und dennoch am unfruchtbarsten sind.

### *Variante I: Zweite-Gedächtnisspur-Legung von außen*

Der Patient sucht Hilfe in psychologischer Literatur und liest über die Zusammenhänge zwischen emotional belasteten Kindheiten und seelischen Störungen im Erwachsenenalter. Er sucht einen Therapeuten auf und wird von ihm zusätzlich ermutigt, die Belastungsfaktoren der eigenen Kindheit unter die Lupe zu nehmen. Unter der Lupe – dem Vergrößerungsglas im wahrsten Sinne des Wortes – intensiviert sich die Erinnerung an traurige und schmerzliche Lebensvorkommnisse. Neben der alten Erinnerungsspur, in der sämtliche bewegenden und aufwühlenden Erlebnisse, die guten wie die schlechten, chronologisch nebeneinander aufgereiht waren und noch sind, wird mittels Selektion und Gewichtung der ausschließlich schlechten Erlebnisse (die ja für die vorliegenden Störungen als konstitutiv betrachtet werden) eine zweite Erinnerungsspur gebahnt. Diese besagt (nicht, wie lang die Donau ist, sondern) wie fürchterlich die eigene Kindheit gewesen ist – »tatsächlich« gewesen ist!

Allmählich geschieht, was laut den Messungen von W. Hell geschehen muss: Je stärker die zweite Spur wird (ein bis zwei Sitzungen pro Woche mit »Kindheitsaufarbeitung« beschleunigen ihre Einprägung entsprechend!), desto größer wird der Rückschaufehler des Patienten. In der rekonstruierten Erinnerung schätzt er sein Leben immer negativer und qualvoller ein. Nicht nur das. Er schätzt seine »Lebensqual« auch immer vorhersehbarer und verhütbarer seitens derjenigen ein, die sie verursacht haben. Die Eltern, Verwandten, Lehrer usw. hätten schon gewusst, was sie ihm mit ihrem Verhalten antun. In einem nächsten Schritt: sie hätten ihm geradezu absichtlich Schmerz zugefügt. Ein Dauer-»Blick zurück im Zorn« ist vorprogrammiert. Dazu eine Warnung von Peter Fiedler, Professor an der Universität Heidelberg, der zu den »dissoziativen Identitätsstörungen« (früher: hysterischen Krankheitsformen) u.a. schrieb:[42]

*Die Auffassung vieler Therapeuten, dass »dissoziative Identitätsstörungen« zwangsläufig auf frühen Inzest zurückzuführen sind, kann falsche Diagnosen bewirken. Da sich dissoziative Patienten durch eine hohe Suggestibilität auszeichnen, besteht das Risiko, dass der Therapeut Wirklichkeiten mit den Patienten »konstruiert«, etwa beim Versuch (oft unter Hypnose), vermeintliche nicht bewusste traumatische Erinnerungen hervorzuholen, um sie einer Bearbeitung zuzuführen. Ich rate zu größter Zurückhaltung, bei Patienten, die von sich aus keine Missbrauchs- oder Inzesterfahrungen ansprechen, entsprechende Vermutungen zu äußern. Nicht hypothesegeleitete Rekonstruktionsversuche vermuteter traumatischer Erfahrungen sollen das therapeutische Vorgehen bestimmen, sondern das Bemühen, die verschiedenen*

*»Rollen« zu integrieren und dem Patienten zu helfen, wieder einen Sinnzusammenhang in seinem früheren Leben zu erkennen.*

Der letzte Satz des Zitates von Peter Fiedler ist dem wegweisenden Gedankengut Viktor E. Frankls entlehnt, worauf ich zurückkommen werde. Vorerst soll nur festgestellt sein, dass entgegen aller heilkundlichen Intention eine die alte Gedächtnisspur »überschreibende« neue Gedächtnisspur beim Patienten literarisch oder therapeutisch initiiert werden kann, die den Patienten naturgesetzlich zunehmend zwingt, seine Geschichte und Vergangenheit trauriger einzuschätzen als sie es war.

### *Variante II: Zweite-Gedächtnisspur-Legung von innen*

Nehmen wir an, ein Mensch ist sich einer Schuld bewusst. Er hat, wie man landläufig sagt, ein schlechtes Gewissen. In Wahrheit ist sein Gewissen nicht schlecht, sondern sogar ausgezeichnet, solange es noch Unbehagen signalisiert, wenn Fehler gemacht worden sind. Repräsentiert es doch die uns eingebaute »Ethikkommission«, die auf Reparation, Versöhnung und Lerngewinn pocht. Doch nehmen wir ferner an, besagter Mensch will jenes mahnende Unbehagen in seiner Seele abschalten; er will statt Schuld zu tilgen, Schuldgefühle loswerden. Dazu bietet sich der einfache Wege der Verdrängung und Betäubung an. Allein, das Gewissen ist von einer Beharrlichkeit, dass es selbst dort gelegentlich wieder aufersteht.

Nun gibt es einen komplizierteren Weg, das Gewissen zu beschwichtigen, und das ist der Rekurs auf die Mitschuld anderer Menschen am Geschehen. Der »Ethikkommission« werden »mildernde Umstände« angeboten nach dem Motto: »Ich habe zwar ... getan, aber primär ist der andere schuld, dass ich ... getan habe«. Diese Überlistung (von sich selbst!) funktioniert in den meisten Fällen ausgezeichnet. Warum? Weil der Rückschaufehler mithilft. Wird nämlich der genannte Weg betreten, wird ab sofort, was den auserkorenen anderen betrifft, grundsätzlich nur noch Negatives erinnert. Das durch solche Selektion gebildete »Sündenregister« des anderen wird zur eigenen zweiten Gedächtnisspur, die die erste mit der Zeit überlagert. Bald gilt: Kein Zweifel mehr an der Schuld des anderen – kein eigenes Schuldgefühl mehr!

Ein exzellentes Beobachtungsfeld für die genannten Zusammenhänge sind Dreiecksbeziehungen. In ihnen sind bekanntlich drei Lebensschicksale unglückselig miteinander verwoben. Das Schicksal des »treuen Partners«, der beschämt, verzweifelt, eifersüchtig ist. Das Schicksal des »untreuen Partners«, der hin- und hergerissen, ärgerlich, abwehrend ist. Und das Schicksal des »Eindringlings«, der unsicher, bangend und unzufrieden ist. Keine beneidenswerte Konstellation! Wie aber auch immer sich die Wogen glätten oder die Trennungen vollziehen mögen, ein Faktor ist der misslichste dabei: der *Faktor der Entwertung* des bisher partnerschaftlich Gelebten. Diese Entwertung erfolgt in der Mehrzahl aller Dreiecksbeziehungen durch den »untreuen Partner«, dessen (schlechtes) Gewissen am rührigsten ist. Er hat sein Ja-Wort von einst annulliert. Jetzt fühlt er sich (vor sich selbst) gedrängt nachzuweisen, dass er nicht ohne triftigen Grund bzw. mit gutem Recht so gehandelt hat. Eine schwierige Aufgabe, zumal wenn Kinder mit hineinverwickelt sind. Doch die Lösung liegt auf der Hand. Der andere muss die Fehler begangen haben, die zum Rückzieher des eigenen Ja-Wortes geführt haben. Die Rückschau des »untreuen Partners« auf die Zeit seiner Partnerschaft gerät fortan zur Ausschau nach des »treuen Partners« Schattenseiten.

Dass er dabei fündig wird, wird niemanden überraschen. In jedem wohnt ein verstecktes Teufelchen. Kramt der »untreue Partner« aus seiner Erinnerung alle gemeinsamen Stunden hervor, in denen es zwischen ihm und dem Partner gekriselt und gekracht hat (unter Ignorierung der schönen gemeinsamen Stunden, die beide miteinander verbracht haben), legt er bei sich selbst eine zweite Gedächtnisspur an, wie sie für seine Entschuldungszwecke nicht günstiger sein könnte. Die Lösung lautet dann – in Analogie zum Laborexperiment – statt: »Die Donau ist nicht 2200 km, sondern 2852 km lang«: »Dein Mann (oder Deine Frau) ist nicht ein lieber Kamerad (eine liebe Kameradin) mit kleinen Schwächen, sondern ein verabscheuungswürdiges Ungeheuer, mit dem man es nicht aushalten kann.« Schon ist der Seitensprung als logische Folge präsentierbar.

Bislang stand das Motivationale im Vordergrund, aber die kognitiven Elemente drehen die Schraube weiter. Aus dem Experiment wissen wir, dass die Versuchsperson später, wenn sich ihre zweite Gedächtnisspur vertieft hat, allen Ernstes glaubt, die Donau ursprünglich auf 2400 km Länge geschätzt zu haben. Ebenso glaubt der »untreue Partner« kraft der vorgenommenen Negativauslese bei der rückwirkenden Beurteilung seiner Partnerschaft bald allen Ernstes, dass sie von Anfang an hoffnungslos und verfahren gewesen ist. Dass er sie immer schon hat beenden wollen, usw.

Wie ergeht es dabei dem »treuen Partner«? Nun, wenn er Fehler begangen hat, sind sie fast schon »abgebüßt«, so sehr leidet er. Denn er leidet ja doppelt; nicht nur unter der Untreue des Partners, sondern eben auch unter der Entwertung dessen, was miteinander zukunftsfroh geschaffen, aufgebaut und in Verbundenheit durchgestanden und durchgetragen worden ist. Plötzlich soll alles nichtig und von jeher unbedeutend gewesen sein? Wer über kein festes »Nervenkostüm« verfügt, lässt sich in dieser Situation leicht zu hässlichen Auftritten verleiten, die die Schraube wiederum um etliche Windungen weiterdrehen. Der »untreue Partner« wird in seiner rückschaufehler-haften Ansicht noch bestärkt, dass er an ein Ungeheuer gekettet ist ... Der Rest ist ein Dauer-»Blick zurück im Zorn« auf beiden Seiten.

Die skizzierten Beispiele sind beliebig variierbar, etwa mit Blick auf gesellschaftliche Konflikte oder Reibereien am Arbeitsplatz. Der Rückschaufehler als »unvermeidliches Beiprodukt einer biologisch sinnvollen ständigen neuronalen Adaptation und Aktualisierung von Wissensständen gemäss den neuesten Informationen, Beurteilungen und Gewichtungen« kann im zwischenmenschlichen Bereich allerhand Schaden anrichten. Kann er aber auch therapeutisch fruchtbar werden?

Ich spanne jetzt den Bogen zurück zu der Andeutung Peter Fiedlers, dass der Therapeut seinen Patienten helfen sollte, einen Sinnzusammenhang in ihrem früheren Leben zu erkennen. Man kann die Genialität Viktor E. Frankls, an dessen Kernaussage sich Fiedler anlehnt, gar nicht hoch genug bewerten. Keiner der drei Wiener Urväter der Psychotherapie konnte in seiner Wirkperiode eine Ahnung vom Phänomen des Rückschaufehlers haben, dessen Rätsel erst in den 90er Jahren gelüftet worden ist. Weder Sigmund Freud, noch Alfred Adler ist es daher anzulasten, dass sie therapeutische Konzepte entworfen haben, bei denen seelisch kranke Menschen systematisch mit emotional negativ besetzten Erinnerungen aus ihrer Entwicklungsgeschichte konfrontiert werden, die sich dann kognitiv in ihr gegenwärtiges Lebens- und Selbsteinschätzungsvolumen »enkodieren« und künftig für eine noch negativere Lebens- und Selbsteinschätzung sorgen – was die zwei Urväter freilich nicht beabsichtigt haben. Es ist ihnen nicht anzulasten, aber es ist dem dritten Urvater Viktor E. Frankl *anzurechnen*, dass er aus einer geradezu prophetischen Intuition heraus von allem Anfang an das Gegenteil praktizierte.

Er setzte seine Patienten nie dem Risiko aus, sich rückwärtsgewandt im Ebenbild milieugeschädigter Kreaturen zu spiegeln – in täuschungssteigerndem Maße zu spiegeln, wie wir heute wissen. Und er setzte sich als Therapeut nicht dem Risiko aus, aus den Selbstmitleidsschreien solcher (vermeintlicher) Kreaturen diagnostisch gültige Schlüsse zu ziehen. Er wechselte sozusagen das therapeutische Thema, und damit das »Enkodierungsmaterial«. *Seines* verändert das Lebens- und Selbsteinschätzungsvolumen seelisch kranker Menschen auch, aber wie? Logotherapeutisch werden sie mit ihrer unverlierbaren, in den Scheunen der Vergangenheit geborgenen Lebensernte konfrontiert, was sie »rückschaufehler-haft« ihr Leben reicher und erfüllter verstehen lässt. Logotherapeutisch werden sie mit ihrer unbedingten Menschenwürde in Freiheit und Geistigkeit konfrontiert, was sie »rückschaufehler-haft« ihr Selbst für authentischer und kostbarer erachten lässt. Logotherapeutisch werden sie mit ihrer genuinen Trotzkraft und Eigenverantwortlichkeit konfrontiert, was sie »rückschaufehler-haft« ihre zwischenmenschlichen Beziehungen versöhnlicher beurteilen lässt. Logotherapeutisch werden sie mit den personalen Sinngestalten des Augenblicks konfrontiert, was sie »rückschaufehler-haft« ihre schicksalsgegebenen Umstände formbarer und chancenvoller erfahren lässt.

Die Aufzählung könnte fortgesetzt werden, doch will ich auf Folgendes hinaus: Die zweite Gedächtnisspur, die in der Logotherapie systematisch bei Patienten gelegt wird (und allmählich die frühere substituiert), ist das Korrektiv zur seelischen Krankheit schlechthin! Denn seelische Krankheit hat prinzipiell mit Fehleinschätzungen, und fast immer mit solchen in Richtung »Negativierung« und »Sinnlosigkeit« zu tun, die idealiter durch eine Neueinschätzung, notfalls sogar leichte Überbetonung in Richtung »Positivierung« und »Sinnfülle« austariert werden können. Exakt dies aber geschieht im logotherapeutischen Gespräch sowohl auf der Bewusstseins- und Gemütsebene des Patienten, als auch unbemerkt und parallel dazu auf neuronaler Ebene, von wo aus der Patient die Dinge allmählich in sanfteres (= in der Austarierung wirklichkeitsnäheres!) Licht getaucht wahrnimmt als zuvor. Sein »Blick zurück im Zorn« wird in der Logotherapie kognitiv überschrieben mit einem »Blick voraus in Zuversicht«. Was das für die Gesamtbefindlichkeit eines Menschen bedeutet, darf ich wiederum jedermanns Phantasie überlassen.

Eines sei abschließend zurechtgerückt. Was von Mensch zu Mensch schwingt ist *Geistiges*. Die Sinnsuche des Patienten, bei der ihn der Logotherapeut begleitet, ist ein *geistiger* Akt. Menschlich Geistiges hat allerdings seine physiologischen Korrelate. Und nur wenn beides »stimmt«, ist ganzheitliche Heilung möglich. Dass die Effizienz einer in den 30er Jahren konzipierten »Psychotherapie vom Geistigen her und auf Geistiges hin«[43] durch die Hirnforschung der 90er Jahre eine zusätzliche Erklärung findet, schmälert deshalb ihr Verdienst nicht, sondern enthüllt vielmehr ihre Brillanz.

# Emotionale Anspannung als Supertest

## Oder: Die Macht des Gebets

Die Zeit der »Testwut« ist vorbei. Noch Anfang der 70er Jahre fand man fast ausnahmslos in jedem Zeitschriftenheft einen »Psychotest«, der dem Leser die Entlarvung eines Zipfels seines Seelenlebens versprach. Die an den Universitäten gelehrten und eingeübten Testverfahren für angehende Psychologen waren um einige Grade seriöser, obwohl auch sie häufig in ihrem Gültigkeitsgehalt überschätzt wurden. Das traf insbesondere für die »projektiven Tests« zu, die geschickt ausgetüftelten Ratespielen glichen. Entschieden aussagekräftiger maßen die kognitiven Leistungstests; dafür aber drückten sie mit ihren Ergebnissen den Testpersonen sozusagen »Stempel« auf. Es bildeten sich Klubs für stolze Träger hoher Intelligenzquotienten, von denen sich später zum allgemeinen Erstaunen nicht selten herausstellte, dass es ihnen an Lebenstüchtigkeit gebrach.

Anfang der 90er Jahre war ein Großteil dieser Tests veraltet. Es haben sich zwar neue etabliert, die mit Hilfe des Computers bestimmte Einzelfähigkeiten und -ausfälle bei Testpersonen exakt erfassen können, doch die große Illusion eines aus Daten glasklar ablesbaren Psychogramms war ausgeblieben. Das Rätsel »Mensch« löst sich in Zahlencodes nicht zur Gänze auf.

Wenn ich daher im Folgenden von einem »Supertest« spreche, meine ich nicht die Statistik. Ich meine ein Phänomen, das jeder bei sich selbst beobachten kann: Wir zeigen uns unter starker emotionaler Anspannung anders als sonst. Wir reden und handeln weniger besonnen, weniger kontrolliert und weniger maskenhaft. Unser »wahres Gesicht« kommt hinter unserer Sozialisierung ungeschminkt zum Vorschein. Wie sieht es aus? Wer einen Blick darauf erhascht, hat faktisch das Ergebnis eines »Supertests« vor sich. Symbolisch könnte man sagen, die emotionale Anspannung kratzt etwas vom Lack ab, und darunter schimmert die Ursprungsfarbe des Gegenstandes durch – das echte Sein des Gegenstandes, in diesem Fall, das So-Sein eines Menschen. Es kommt Helligkeit oder Dunkelheit hervor, unabhängig von der Farbe des Lackes.

Dagegen lässt sich einwenden, dass die starke emotionale Anspannung selber und ihrerseits das Menschsein verzerren könnte. Darum ranken sich viele psychologische Theorien. »Liebe macht blind«, sagen sie, »Angst macht kopflos«, »Frustration macht aggressiv«, »Triebdruck macht gewalttätig« und »Trauer macht starr«. Aber genau darin besteht eben die Testprüfung: Was darf welche Gefühlsladung mit wem machen? Noch präziser ausgedrückt: Wozu ist ein Mensch unter höchster emotionaler Anspannung fähig und bereit, und wozu ist er *trotz* höchster emotionaler Anspannung *dennoch nicht* bereit? Das ist die Gretchenfrage! Das Ausmaß des Negativen, zu dem er *nicht* bereit ist, nicht einmal unter extremem Druck, enthüllt die Ethik seines Herzens. Die Grenze, bis zu der er den Anfechtungen seelischer Misere geistig Stand hält. Diese Grenze lotet die Weite seiner sittlichen Entfaltung aus. Friedrich Nietzsche hat den »Testgedanken« fast bis zur Grausamkeit weitergeführt:

*Man muss entbehren können ohne Dulderfalten. Solchen Menschen, welche mich etwas angehen, wünsche ich Leiden, Verlassenheit, Krankheit, Misshandlung, Entwürdigung, – ich wünsche, dass ihnen die tiefe Selbstverachtung, die Marter des Misstrauens gegen sich, das Elend des Überwundenen, nicht unbekannt bleibt: Ich habe kein Mitleid mit ihnen, weil ich ihnen das Einzige wünsche, was beweisen kann, ob einer Wert hat oder nicht, – dass er Stand hält …*

In der Praxis muss der Test nicht immer so grausam ausfallen wie in der Aufzählung Nietzsches. Aber wir wissen: das Leben kennt keine Skrupel. Es stellt uns unverdient und unverhofft in die absurdesten Situationen und vor die unfassbarsten Tatsachen.

1) Eine Mutter geht mit ihren beiden Kleinkindern auf den Spielplatz. Eines der Kinder erhängt sich beim Spielen an einem vom Turm der Sandrutsche herabhängenden Strick, der sich um seinen Hals verfängt. Der sofort alarmierte Notarzt kann das Kind nicht mehr retten. Die Mutter und das zweite Kind stehen völlig unter Schock.
2) In einem Berufsverband, in dem Kolleginnen und Kollegen kraft eines gemeinsamen Interesses miteinander vereint sind, wird auf Grund einiger Missverständnisse ein Mitglied verleumdet. Es soll Gelder des Verbandes für private Zwecke ausgegeben haben. Trotz Offenlegung aller Kontenbewegungen bleibt der Verdacht an dem Mitglied hängen.
3) Ein Mann ist in seiner Ehe viele Jahre lang sexuell frustriert. Die Ehe zerbricht. Nach Monaten geht er eine zweite Ehe ein, in die seine neue Partnerin eine Tochter mitbringt. Bald merkt der Mann, dass er vom Aussehen seiner Stieftochter sexuell erregt wird, wie nie zuvor in seinem Leben. Täglich nimmt seine Begierde zu.
4) Der einzige Sohn eines Elternpaares hat früh gelernt, auf die diversen Krankheiten seiner Eltern Rücksicht zu nehmen. Erwachsengeworden investiert er viel Zeit, um seine Mutter zu ärztlichen Behandlungen zu fahren, den Vater vom Alkohol wegzulocken, und beide im Haushalt zu unterstützen. Die Eltern enterben ihn, weil ihnen seine Freundin missfällt.
5) Eine Ausländerin lebt unter schlimmen Verhältnissen in Deutschland. Sie ist finanziell abhängig von einem Geschäftsinhaber, der ihr wiederholt mit der Kündigung gedroht hat. Eines Tages bietet ihr der Konkurrent des Geschäftsinhabers einen hohen Geldbetrag an, wenn sie gewisse Unterlagen aus dem Geschäftsbüro für ihn kopieren würde.

Das sind einige Beispiele unter Millionen. Die beispielhaft genannten Personen stehen allesamt unter starker emotionaler Anspannung. Trauer, Entsetzen, Wut, Enttäuschung, Triebdruck und Angst peitschen ihre Gemüter auf. Die Verführung zu der einen oder anderen Kurzschlusshandlung ist massiv. Ihr freier Entscheidungsspielraum ist gering. Der »Lack« ist ab. Jetzt wird es spannend, die Testbedingungen sind gestellt. Über kurz oder lang werden die »wahren Gesichter« dieser Personen mit zunehmender Deutlichkeit aus dem Gefühlschaos hervortreten.

ad 1) Vielleicht wird die Mutter, die ein Kind auf so tragische Weise verloren hat, fortan jegliches Interesse an der Welt verlieren, wird in Verbitterung erstarren und nur noch mechanisch »funktionieren«. Psychologisch verständlich wäre es wohl. Aber es gibt verwaiste Mütter, die nicht dazu bereit sind, ihre noch lebenden Kinder mit der eigenen Trauerstarre zu schädigen. Die sich sagen: »Nein, für mein lebendes Kind will ich mich vital und aufrecht erhalten!« – Mütter, die den Test glorreich bestehen.

ad 2) Vielleicht wird sich das Mitglied für das erlittene Unrecht rächen. Wird aus dem Verband austreten und überall Schlechtes über ihn verbreiten. Wird sämtliche Kontakte zu seinen Kollegen und Kolleginnen abbrechen. Psychologisch verständlich wäre es auch. Dennoch gibt es verleumdete Menschen, die nicht bereit sind, mit gleichen Waffen zurückzuschlagen. Die sich sagen: »Nein, auf die niedrige Stufe billiger Revanche will ich nicht hinuntersteigen!« – Menschen, die den Test glorreich bestehen.

ad 3) Vielleicht wird sich der Mann verleiten lassen, sich an seiner Stieftochter zu vergreifen. Wird sie umschmeicheln, erkaufen oder zu sexuellen Spielereien nötigen, und dabei seine jahrelangen Eheprobleme als Entschuldigung vorschieben. Ein solches Verhalten wäre psychologisch erklärbar. Trotzdem gibt es Männer, die dem Drang widerstehen, wenn seine Befriedigung in ihrem eigenen Gewissensauftrag »nicht sein darf«. Und das sogar bei sexueller Deprivation. – Männer, die den Test glorreich bestehen.

ad 4) Vielleicht hasst der Sohn seine Eltern. Vielleicht läuft das Fass angestauten Ärgers explosionsartig über, und er hebt die Hand gegen sie. Oder er zerschneidet die Familienbande mit der Schere der Gleichgültigkeit. Vom psychologischen Standpunkt aus wäre das kein Wunder. Aber es gibt erwachsene Söhne, die nicht bereit sind, ihre alten Eltern zu verachten und zu vernachlässigen, komme, was wolle. Die dankbar sind für das Leben, das sie ihnen geschenkt haben. – Söhne, die den Test glorreich bestehen.

ad 5) Vielleicht wird die Frau dem Deal zustimmen. Wird betrügerische Handlungen in Richtung »Spionage« ausführen, um ihr mageres Gehalt aufzubessern. Aus Angst vor der Zukunft und angesichts drohender Hoffnungslosigkeit. Psychologisch wäre dies gut nachvollziehbar. Und doch gibt es die ehrlichen Frauen, die alles zu verlieren bereit sind, nur nicht ihre Ehre. Die von Hunger und Heimatlosigkeit zu keinem unanständigen Deal gezwungen werden können. – Frauen, die den Test glorreich bestehen.

Fassen wir zusammen. Es existiert ein Supertest, den sich kein Professorenteam, sondern gleichsam das Leben ausgedacht hat. Wir sind ihm immer dann unterworfen, wenn wir unter starke emotionale Anspannung geraten. Dann nämlich ist es nur allzu menschlich und psychologisch höchst einleuchtend, dass wir seelisch-sittlich entgleisen. Sollten wir es aber nicht tun, schreibt uns das Leben ein »sehr gut« unter die Prüfungsarbeit. Viktor E. Frankl hat dies im nachfolgenden Text eindrucksvoll dargestellt:[44]

*Wenn Sigmund Freud einmal meinte: »Man versuche es, eine Anzahl der allerdifferenziertesten Menschen gleichmäßig dem Hungern auszusetzen* (= starker emotionaler Anspannung auszusetzen, Anm. der Verf.).

*Mit der Zunahme des gebieterischen Nahrungsbedürfnisses werden alle individuellen Differenzen sich verwischen und an ihrer Statt die uniformen Äußerungen des einen ungestillten Triebes treten«* (= sie werden alle sittlich verfallen, Anm. der Verf.) [45], *so war eigentlich eher das genaue Gegenteil der Fall. In den Konzentrationslagern wurden die Menschen differenzierter* (= *ihre »wahren Gesichter« kamen zum Vorschein, Anm. der Verf.). Die Schweine demaskierten sich. Und die Heiligen taten es ebenfalls. Der Hunger entlarvte sie. Der war derselbe, im einen wie im anderen Falle. Die Menschen aber differenzierten sich* (= *sie versagten oder glänzten im Supertest, Anm. der Verf.).*

Nun, wir wollen nicht erneut Personen mit ihren Testergebnissen »abstempeln«, wie es einst im Rummel um den Intelligenzquotienten geschah. Diejenigen, die im Supertest versagen, brauchen besonders viel Hilfe. Hilfe auf psychotherapeutischer, seelsorgerlicher und menschlicher Ebene. Hilfe aber ist auch vorhanden. Im schönen Gedicht von Rudolf Otto Wiemer über die Engel klingt die Verheißung an, dass uns Hilfsboten in unerwarteten und erstaunlichen Gestalten begegnen:

*Es müssen nicht Männer mit Flügeln sein,*
*die Engel.*
*Sie gehen leise, sie müssen nicht schrein,*
*oft sind sie alt und hässlich und klein,*
*die Engel.*

*Sie haben kein Schwert, kein weißes Gewand,*
*die Engel.*
*Vielleicht ist einer, der gibt dir die Hand,*
*oder er wohnt neben dir, Wand an Wand,*
*der Engel.*

*Dem Hungernden hat er das Brot gebracht,*
*der Engel.*

*Dem Kranken hat er das Bett gemacht,
er hört, wenn du ihn rufst, in der Nacht,
der Engel.*

*Er steht im Weg, und er sagt: Nein,
der Engel,
groß wie ein Pfahl und hart wie ein Stein –
es müssen nicht Männer mit Flügeln sein,
die Engel.*

»Er steht im Weg, und er sagt: Nein, der Engel« – Nein trotz extremer emotionaler Anspannung. Er sagt Nein zur Verbitterung, zur Rache, zur Triebauslebung, zum Hass, zur kriminellen Tat. Er ist »groß wie ein Pfahl und hart wie ein Stein«, der Engel. Er unterstützt uns beim Test. Wir brauchen nur auf ihn zu hören ...

Und wenn er gerade nicht da ist, der Engel? Wenn kein Therapeut, kein Seelsorger, kein Mitmensch da ist, der uns erreicht, wenn die einsamste, finsterste, verlassenste Stunde unseres Lebens geschlagen hat? – »Hast du dort oben vergessen auf mich?« heißt es im Wolgalied, das auch die adäquate Antwort gibt: »Schick doch einen (Engel) auch zu mir!« Ja, die allerletzte Quelle, aus der wir leben, ist das Gebet.

*Im Oktober 1996 verunglückte eine 91jährige Rentnerin in der Nähe von Augsburg. Sie wurde von einem Lastwagen überrollt, der ihr beide Beine zerquetschte. Als sie nach der Notamputation im Klinikum aufwachte, waren ihre ersten Worte: »Wie schön, dass ich noch am Leben bin!« Die Ärzte waren gerührt. Am Tag darauf hatte sie starke Wundschmerzen, aber sie sagte: »Welch ein Glück, dass ich nicht querschnittsgelähmt bin!« Eine Woche später war sie selig über die Prothesen, die man ihr in Aussicht stellte. »Großartig, was man heute an technischen Hilfsmitteln herstellen kann«, rief sie aus, als sie ein Vorführmodell sah. »Dank den Ingenieuren, die sich solch herrliche Dinge ausgedacht haben!« Im Rollstuhl empfing sie Besucher, Nachbarn, Freunde. Viele gingen fröhlicher weg, als sie gekommen waren. Journalisten wurden auf sie aufmerksam und interviewten sie. Als sie endlich ihre Prothesen anprobieren konnte, fiel es ihr schwer, sie richtig zu handhaben. Doch sie staunte: »Die sind ja viel gelenkiger als meine eigenen alten Beine waren!« Sie umarmte ihre Krankengymnastin und dankte ihr für ihre Mühe. »Wie gut geht es mir«, wiederholte sie ein ums andere Mal. »So freundliche Menschen um mich, so flotte neue Beine – und die Krankenkasse zahlt das alles. Der liebe Gott liebt mich wirklich!«*

»Keiner ist weise, der nicht das Dunkel kennt« – Hermann Hesse.

»Es gibt keine Erkenntnis der Wirklichkeit ohne existentielle Erschütterung« – Gabriel Marcel. Schmerz und emotionale Anspannung lösen sich auf zu Weisheit und Erkenntnis des Wesentlichen. – Wie? Die 91-jährige Rentnerin hat den Journalisten das Geheimnis anvertraut: »Ich bete jeden Tag«.

Dieses Buch hat im 1. Kapitel mit einigen Zitaten begonnen, die auf der Linie des logotherapeutischen Gedankenganges liegen. Es soll mit einem Zitat von Peter Wust, dem ehemaligen Professor für Philosophie an der Universität Münster, enden, dem nichts hinzuzufügen ist außer einem: Sein Vermächtnis an die Studenten ist zugleich der beste Rat, den eine Spirituelle Psychologie zu vergeben hat.

## ZITAT [46]

*Wenn Sie mich fragen sollten, bevor ich jetzt gehe und endgültig gehe, ob ich nicht einen Zauberschlüssel kenne, der einem das letzte Tor zur Weisheit des Lebens erschließen könne, dann würde ich Ihnen antworten: »Jawohl« – Und zwar ist dieser Zauberschlüssel nicht die Reflexion, wie Sie es von einem Philosophen vielleicht erwarten möchten, sondern das Gebet. Das Gebet, als letzte Hingabe gefasst, macht still, macht kindlich, macht objektiv. Ein Mensch wächst für mich in dem Maße immer tiefer hinein in den Raum der Humanität – nicht des Humanismus –, wie er zu beten imstande ist, wofern nur das rechte Beten gemeint ist. Gebet kennzeichnet alle letzte »Humilitas« des Geistes. Die großen Dinge des Daseins werden nur den betenden Geistern geschenkt. Beten lernen aber kann man am besten im Leiden ...*

# Anmerkungen

1. Viktor E. Frankl, Der Wille zum Sinn, München, Neuausgabe 1991, S. 143 ff.
2. Viktor E. Frankl, Ärztliche Seelsorge, Wien $^{10}$1982, S. 234
3. Hans Urs von Balthasar, Homo Creatus Est, Kapitel »Gesundheit zwischen Wissenschaft und Weisheit«, Einsiedeln 1986, S. 83-92
4. Horst Schleifer, Sinnorientierte Psychologie und Erziehung, München 1996, S. 22, 31-32, 43
5. Vaclav Havel, Briefe an Olga. Betrachtungen aus dem Gefängnis, Reinbek bei Hamburg, Neuausgabe 1995, S. 308-310
6. Hans Küng, Niederschrift eines Vortrages zum Thema »Vom Sinn des Lebens«, gehalten auf dem Kongress für Radioonkologie in Baden-Baden am 18.11.1995
7. Bijan Amini, Erziehung zum Sinn: Prinzip Hoffnung der Pädagogik, in: Logotherapie und Existenzanalyse, Bremen, Sonderheft, Tagungsbericht zur Freundschaftstagung der Schweizerischen und Deutschen Gesellschaft für Logotherapie und Existenzanalyse vom 13.-16.6.1996 in Davos/Schweiz
8. Vgl. dazu Elisabeth Lukas, Spannendes Leben. Quintessenz, München $^{2}$1993, Kapitel »Der logotherapeutische Ansatz zur Konfliktlösung«
9. Mary Westmacott, Das unvollendete Portrait, München 1987
10. Viktor E. Frankl, Der leidende Mensch, München, Neuausgabe 1990, S. 373
11. Reinhard Tausch, Einsichten in seelische Vorgänge beim religiösen Glauben und bei christlich-ethischen Botschaften. Ergebnisse empirischer Forschungen, Sonderdruck aus dem Psychologischen Institut III der Universität Hamburg 1997
12. Viktor E. Frankl, Das Leiden am sinnlosen Leben, Freiburg, Neuausgabe $^{6}$1995, S. 40

13 Viktor E. Frankl, Der unbewusste Gott, München (dtv), 7. Ausgabe von 1988 im Dez. 1992, S. 40
14 Viktor E. Frankl, Das Leiden am sinnlosen Leben Freiburg, Neuausgabe 1991, S. 29
15 In Fachkreisen wird die »Dritte Wiener Schule der Psychotherapie«, die Logotherapie von Viktor E. Frankl, auch »Höhenpsychologie« genannt, weil sie sich weniger mit den Abgründen der menschlichen Psyche als mit den Gipfeln menschlicher Geistigkeit befasst.
16 Erstmals formuliert im Buch: Auch deine Familie braucht Sinn, von Elisabeth Lukas, Freiburg 1981, S. 203. Aufgenommen im Buch: Sinn in der Familie, Freiburg 1995, S. 161
17 Viktor E. Frankl, Ärztliche Seelsorge, Wien $^{10}$1982, S. 247
18 Peter Raab (Hg.), Heilkraft des Lesens, Freiburg 1988, S. 33/34
19 Udo Kittler/Friedhelm Munzel, Was lese ich, wenn ich traurig bin, Freiburg 1984, S. 11
20 Peter Raab, Die Heilkraft des Lesens entdecken, Aufsatz in einer Schulzeitschrift 1990
21 Dietrich von Engelhardt, Bibliotherapie, in: TW Neurologie Psychiatrie 6, 447-450, Karlsruhe, Juni 1992
22 Otto Betz, Die Schöpfung geht weiter, Sonderdruck 1995
23 Michael Titze, Heilkraft des Humors, Freiburg 1985, S. 65
24 Viktor E. Frankl, Logotherapie und Existenzanalyse. Quintessenz, München 1994, S. 138
25 Rudolf Otto Wiemer, Chance der Bärenraupe, über die Straße zu kommen. Gedicht in: Bibliotherapie, herausgegeben von der Robert Bosch Stiftung im Bleicher-Verlag, Stuttgart 1987
26 Anthony de Mello, Warum der Vogel singt. Weisheitsgeschichten. Freiburg $^{2}$1991, S. 72
27 Viktor E. Frankl, Der leidende Mensch, Bern, Neuauflage 1996, S. 107
28 Nossrat Peseschkian, Der Kaufmann und der Papagei, Frankfurt a.M. 1985, S. 58/59
29 Nossrat Peseschkian, Der Kaufmann und der Papagei, Frankfurt a.M. 1985, S. 70/71
30 Anthony de Mello, Wer bringt das Pferd zum Fliegen? Weisheitsgeschichten, Freiburg $^{2}$1991, S. 43
31 Anthony de Mello, Wer bringt das Pferd zum Fliegen? Weisheitsgeschichten, Freiburg $^{2}$1991, S. 46

32 Viktor E. Frankl, Theorie und Therapie der Neurosen, Kapitel »Logotherapie als spezifische Therapie noogener Neurosen«, UTB 457, München $^7$1993
33 Léon-Joseph Suenens, Täglich christlich leben, Salzburg $^4$1963, S. 45
34 Hilarion Petzold (Hg.), Psychotherapie und Babyforschung, 2 Bde., Paderborn 1994/1995
35 Viktor E. Frankl, Der leidende Mensch, Bern $^2$1996, S. 151
36 Winfried Böhm, Über die Unvereinbarkeit von Erziehung und Therapie, in: Vierteljahresschrift für Wissenschaftliche Pädagogik 68 Jg. 1992
37 Herbert Huber, Sittlichkeit und Sinn, Donauwörth 1996, S. 33/34
38 Viktor E. Frankl, Der unbewusste Gott, München $^5$1979, S. 61/62
39 Karl Michael Armer, Die Eingeborenen des Betondschungels, in: Der Aufstand der Radfahrer, herausgegeben von Ann Anders, Darmstadt 1982
40 Rüdiger Pohl, Der Rückschaufehler – eine systematische Verfälschung der Erinnerung, in: Report Psychologie 21 (8/96), BDP, Bonn
41 W. Hell, Gedächtnistäuschungen, in: W. Hell/K. Fiedler/G. Gigerenzer (Hg.), Kognitive Täuschungen, Spektrum der Wissenschaften, S. 13-38
42 Peter Fiedler, Dissoziative Indentitätsstörung, multiple Persönlichkeit und sexueller Missbrauch in der Kindheit, in: G. Amman/R. Wipplinger, Sexueller Missbrauch, Tübingen 1996
43 Viktor E. Frankl, Der leidende Mensch, Bern, Neuausgabe 1996
44 Viktor E. Frankl, Der leidende Mensch, Bern $^2$1996, S. 158
45 Sigmund Freud, Gesammelte Werke, Band V, S. 209
46 Peter Wust, Gestalten und Gedanken, München 1950, S. 266/267

# Weitere Bücher von Elisabeth Lukas

1. Auch dein Leben hat Sinn. Logotherapeutische Wege zur Gesundung, Herder, Freiburg, 4. Auflage der Neuausgabe 1997. Eine Ausgabe erschien in Brailleschem Blindendruck, erhältlich bei der Blindenschriftdruckerei in 33098 Paderborn, Andreasstr. 20.
2. Sinn in der Familie. Logotherapeutische Hilfen für das Zusammenleben, Herder, Freiburg, Neuausgabe 1995
3. Auch dein Leiden hat Sinn. Logotherapeutischer Trost in der Krise, Herder, Freiburg, 2. Auflage der Neuausgabe 1996
4. Psychologische Seelsorge. Logotherapie – die Wende zu einer menschenwürdigen Psychologie, Herder, Freiburg, 2. Auflage der Neuausgabe 1996, vergriffen, aber noch im Institut erhältlich.
5. Gesinnung und Gesundheit. Lebenskunst und Heilkunst in der Logotherapie, Herder, Freiburg, 2. Auflage der Neuausgabe 1995, vergriffen, aber noch im Institut erhältlich.
6. Rat in ratloser Zeit. Anwendungs- und Grenzgebiete der Logotherapie, Herder, Freiburg, Neuausgabe 1994
7. Psychologische Vorsorge. Krisenprävention und Innenweltschutz aus logotherapeutischer Sicht, Herder, Freiburg 1989, vergriffen, aber noch im Institut erhältlich.
8. Geist und Sinn. Logotherapie – die dritte Wiener Schule der Psychotherapie, Psychologie Verlags Union, München 1990
9. Sehnsucht nach Sinn. Logotherapeutische Antworten auf existenzielle Fragen, Profil, München 1997
10. Spannendes Leben. In der Spannung zwischen Sein und Sollen – ein Logotherapiebuch, DTV, München 1996
11. Urvertrauen gewinnen. Logotherapeutische Leitlinien zur Lebensbejahung, Herder, Freiburg, Neuausgabe 1997

12. Alles fügt sich und erfüllt sich. Die Sinnfrage im Alter, Quell, Stuttgart, 3. Auflage 1997. Auf Kassetten aufgesprochen, auszuleihen bei der Deutschen Blinden-Hörbücherei (in der Deutschen Blindenstudienanstalt e.V.), Postfach 1160, 35001 Marburg /Am Schlag 2a, 35037 Marburg.
13. Psychotherapie in Würde. Logotherapeutische Lebenshilfe nach Viktor E. Frankl, Quintessenz, München 1994. 1996 von Psychologie Verlags Union, Weinheim/Bergstr. übernommen.
14. Auf den Spuren des Logos. Briefwechsel mit Viktor E. Frankl (gemeinsam mit Joseph Fabry), Quintessenz, München 1995
15. Lebensbesinnung. Wie Logotherapie heilt, Herder, Freiburg, 2. Auflage 1997
16. Wie Leben gelingen kann. 30 (31) Geschichten mit logotherapeutischer Heilkraft, Quell, Stuttgart, 2. Auflage 1996. Das Buch wurde für Blindenbüchereien auf Kassetten gesprochen; auszuleihen bei: Dr. Hans-Eugen Schulze, Albert-Braun-Straße 10b, 76189 Karlsruhe.
17. Weisheit als Medizin. Viktor E. Frankls Beitrag zur Psychotherapie, Quell, Stuttgart 1997

*In Vorbereitung:*

18. Lehrbuch der Logotherapie. Menschenbild und Methoden, Profil, München 1998
19. Heilungsgeschichten. Wie die Logotherapie hilft, Herder, Freiburg 1998
20. Sinn-Sprüche. Meditative Gedanken aus der Logotherapie, Quell, Stuttgart 1998

*Anschrift der Autorin:*

**Süddeutsches Institut für Logotherapie GmbH**
**Geschwister-Scholl-Platz 8**
**D-82256 Fürstenfeldbruck**
**Tel.  08141/18041**
**Fax  08141/15195**

# Viktor E. Frankl im Kösel-Verlag

Frankl, Viktor E.
**... TROTZDEM JA ZUM LEBEN SAGEN**
Ein Psychologe erlebt das Konzentrationslager
200 S. Gb., 3-466-10019-4

Frankl, Viktor E.
**DER UNBEWUSSTE GOTT**
Psychotherapie und Religion
156 S. Gb., 3-466-20302-3

Persönliche Erfahrungsberichte des weltbekannten Psychiaters über seine Erlebnisse im KZ und wie er lernte, »...trotzdem Ja zum Leben zu sagen«.

Das Grundlagenwerk zum Thema Psychotherapie und Religion – eine wichtige Hilfe in der Orientierungslosigkeit unserer Zeit.

Kösel-Verlag München  online: www.koesel.de

# MIT HILDEGARD VON BINGEN DIE WELT VERSTEHEN

Betz, Otto
**DAS HILDEGARD-JAHR**
Mit Hildegard von Bingen durch die Monate und Feste des Jahres
215 S. Gb.
3-466-36486-8

Ein spiritueller Jahresbegleiter: Das Hildegard-Buch für alle Monate und Feste des Jahres.

Betz, Otto
**HILDEGARD VON BINGEN**
Gestalt und Werk
247 S. Zahlr. Farbtafeln. Gb.
3-466-36445-0

Die umfassende Einführung in ein großes Werk: Hildegard wird zur Begleiterin an der Jahrtausendwende.

Kösel-Verlag München  online: www.koesel.de